担任博研教育年会演讲嘉宾

高参汇演讲现场　　　　　　　　高参汇现场签售新书

高参汇毕业典礼

营销高手班优秀学员颁奖典礼

格局商学企业家导师聘书

与格局商学邢院长合影

与温元凯教授一起用餐

与智迅创源董事长和高管合影

与领教工坊组员合影

参观一期高徒在广东化州开办的忠信超市

为义乌高徒企业浙江恒泰工艺品做咨询　　与高徒一期班长冯志强合影

品尝一期高徒在上海郊区种植的小番茄

一期高徒企业深圳富阳鑫担任东道主

参观赣州二期高徒企业江西汇明生态家居

二期高徒拜师后合影

二期高徒企业四川保洁利环保做东道主

与高徒二期班长洪东阳合影

参观东阳二期高徒企业卓木王红木家俱

三期北京高徒企业菲蓓尔艺术教育做东道主

三期温州高徒企业港源电子做东道主　　三期郑州高徒企业河南天朗膜结构做东道主

与部分三期高徒合影　　与高徒三期班长李梅合影

走访双鸭山四期高徒企业天兴粮食收储

参观四期高徒无锡纯宇环保包装生产线

参观四期宜兴高徒企业国阳精密模架

与部分四期高徒合影　　　　　　　　与高徒四期班长王寿山合影

与部分五期高徒在哈尔滨夜游中央大街

与部分五期高徒合影

参观深圳五期高徒企业邸高家居专卖店

与高徒五期班长和峰虎合影

在西安五期高徒企业杏林明师学社做养生操

参观富思特公司展厅

与富思特郭董事长合影

参加高参汇的富思特管理团队

与参加高参汇的富思特管理团队合影

参加华然装饰22周年庆祝活动

与华然装饰高管讨论战略

与华然装饰陈董事长合影   与华然装饰高管合影

为华然公司高管庆生合影

与萱闹堂管理团队合影

参观萱闹堂公司

与萱闹堂乔董事长合影

与萱闹堂高管团队合影

为六点半食品公司做战略规划

参加六点半食品公司 20 周年庆典

与六点半食品公司周董事长合影

参加六点半食品公司杭州分公司开业典礼

与六点半食品公司周董事长一起打球

企业大学封面人物

中国惠普决策委员会成员

与老上司 Jimmy 合影

荣获"千强讲师"第 19 名

中国惠普老同事聚会合影

BUILD UP
A
SOLID SALES FORCE

打造销售铁军

[新加坡] 高建华◎著

机械工业出版社
CHINA MACHINE PRESS

图书在版编目（CIP）数据

打造销售铁军 /（新加坡）高建华著. -- 北京：机械工业出版社，2021.4（2025.9 重印）
ISBN 978-7-111-67726-0

I. ① 打… II. ① 高… III. ① 销售管理 IV. ① F713.3

中国版本图书馆 CIP 数据核字（2021）第 040667 号

北京市版权局著作权合同登记　图字：01-2021-0548 号。

打造销售铁军

出版发行：机械工业出版社（北京市西城区百万庄大街 22 号　邮政编码：100037）
责任编辑：刘　静　　王　芹　　　　　责任校对：殷　虹
印　　刷：北京机工印刷厂有限公司　　版　　次：2025 年 9 月第 1 版第 8 次印刷
开　　本：170mm×230mm　1/16　　　 印　　张：16　　插　　页：6
书　　号：ISBN 978-7-111-67726-0　　 定　　价：69.00 元

客服电话：（010）88361066　68326294

版权所有・侵权必究
封底无防伪标均为盗版

推 荐 序

打造销售铁军需要动力、能力及方法论

很多企业在发展过程中都会有一个过不去的"销售鸿沟",可能是5亿元,也可能是10亿元;有的企业销售额过了几亿元后掉头向下,或者发展遇到瓶颈,停滞不前。这些问题往往不是单个销售人员的问题,而是销售部门组织能力的问题,因为大家没有形成"合力"。要知道,公司发展到一定程度,分工会越来越细,人员会越来越多,团队之间的配合也越来越重要,因此组织健康比组织聪明更重要——组织健康是衡量企业管理水平的关键因素。而提高组织健康水平就涉及"销售管理"这个话题,即如何打造高绩效的销售团队。

可以说,一个企业能否健康发展取决于是否有"动力""能力"及"方法论"。动力来自销售部门的负责人或老板驱使公司往更大规模发展的意愿——他们是否愿意折腾自己,动力在哪儿?要知道,不是每个企业都有这样的动力。能力来自每个销售人员完成本职工作所需要的

技能——公司有没有相应的培训和辅导体系，帮助大家把事情做好，不断精进？方法论来自企业标准化的做法，比如规定动作、操作流程、应用指南以及各种工具。

我坚信组织红利是最靠谱的红利，也是未来10年中国企业持续增长的核心驱动力，因为外部红利期已经过去了，唯有组织红利才是老板可以掌控的：通过分工提升效率，通过协作产生绩效，从而推动企业的可持续发展。为什么有些企业会遇到增长瓶颈？往往不是商业模式出了问题，也不是企业战略出了问题，而是组织能力弱、管理效率低，"吃"掉了规模经济带来的效益。

所以我一直讲：管理才是永远的蓝海，也是老板最应当关注的领域。管理是一种系统工程，需要一整套方法论和工具，而不是在一个点上做文章，切忌到处学习、东拼西凑、生搬硬套。另外，管理和锻炼身体是同一个道理，都是"慢功夫"，不可能一蹴而就，需要有耐心和恒心，要咬牙坚持下去，才会取得效果，这就要求老板树立长期主义思想，不能急功近利，需要练好基本功。

很高兴在这里向大家推荐建华的这本新书《打造销售铁军》，书中有很多易于落地、非常实用的工具和方法，这些工具和方法都来自优秀企业验证过的最佳管理实践，属于必须掌握的销售团队管理基本功。这本书独具特色，每一节都是从一个真实的企业销售管理案例入手，深入浅出地分析问题，找出问题背后的深层次原因，抽丝剥茧，简洁明了，属于实战型手册，值得大家一读。

孙振耀

惠普前全球副总裁、中国区总裁

领教工坊联合创始人暨联席董事长

前　言

过去 20 多年，我为数百家成长型企业提供了管理咨询，包括企业战略规划、产品创新体系、商业模式设计、人力资源体系等。其中一半以上的企业都成了各自细分市场的领头羊，比如太原锅炉、伊利乳业、万科地产、欧普照明、雷士照明、海洋王照明、舜宇光学、蒙草抗旱、沃森生物等。最近这四年，我已经举办了五期"高徒汇"，招募了 70 多位终身相伴的高徒，教大家如何静下心来打好基础，真正理解：快就是慢，慢就是快；多就是少，少就是多。但是，有些企业消化吸收得好，有些企业消化吸收得不好。我一直在反思，那些消化吸收不好的企业，原因是什么，到底卡在哪里了。我发现，不是大家不认同，也不是大家不努力，关键问题是"不得法"。

这里说的"不得法"主要涉及三个维度的概念：一是老板、高管、中层之间的贯通。老板一个人明白不管用，要整个团队都明白才能落地实施，所以上下贯通很重要。二是战略、战术、剧本之间的联结。

仅仅有企业战略不行，还需要把战略分解为战术，再把战术分解为可以操作的剧本，才能不跑偏。三是知道、明白、吃透之间的升华。知道一个道理很容易，明白背后的逻辑就需要结构化思维，而吃透逻辑背后的管理哲学，就需要融会贯通，唯有在哲学层面打通了，老板和高管才能达成高度共识，坚定不移地去实施。

这本书的所有案例都源自客户、学员、高徒未被满足的需求，基于他们提供的 30 多个真实的案例，我整理出一套系统性的打法，相信大家看了这些案例会有共鸣，看了这些解决方案会有启发。比如：如何吸引优秀的人才加盟？如何批量培养专业化的人才？如何留住高价值的人才？这些问题是大多数中小企业老板和高管实际工作中最困惑、最头疼的难题。

我坚信未来是靠团队制胜的时代，市场红利期已经结束了，各行各业的竞争都从瓜分增量市场转为争取存量市场，优胜劣汰将会加剧，行业集中度将会逐步提高，直至各行各业都进入垄断竞争为止。所以，"打造销售铁军"就成了未来五年决定企业胜负的关键所在，是中小企业做大做强的突破口。当然了，我这里讲的"打造销售铁军"，不是打造狼性团队，也不是搞关系营销，而是打造一个能征善战的、人性化、专业化、系统化的高绩效销售团队。

目 录

推荐序（孙振耀）
前　言

第一章　吸引人才，搭建团队　/ 1

如何招募优秀的人才　/ 2
如何把好面试关，选拔好苗子　/ 6
如何让新员工尽快融入企业　/ 13
如何让空降兵发挥应有的作用　/ 18

第二章　明确要求，得到承诺　/ 25

如何设定销售人员的岗位职责　/ 26
如何设定销售经理的岗位职责　/ 32
如何成为受客户尊敬的销售人员　/ 37
如何引导销售人员做到合规守法　/ 43

第三章　强化训练，达标上岗　/ 49

如何让零基础的销售人员掌握销售技能　/ 50
如何让销售人员掌握产品知识　/ 56
如何让销售人员从"打猎"到"种田"　/ 63
如何让销售人员成为客户的顾问　/ 68

第四章　设定目标，激发斗志　/ 75

如何合理地设定销售指标　/ 76
如何做好销售预测　/ 81
如何激发销售人员的主人翁精神　/ 87
如何提升销售团队的战斗力　/ 92

第五章　定期辅导，栽培育人　/ 99

如何有效地辅导销售人员　/ 100
如何做好针对销售人员的随访　/ 105
如何给销售人员做职业生涯规划　/ 110
如何强化销售人员的责任心　/ 116

第六章　定期考评，找到差距　/ 123

如何给销售人员做绩效评估　/ 124
如何给销售经理做绩效评估　/ 130
如何有效地实施360度反馈　/ 135
如何有效地实施末位淘汰　/ 142

第七章　过程管控，有效监督　/ 149

如何有效地实施过程管控　/ 150
如何防止销售人员瞒天过海做私单　/ 154
如何防止销售人员离职时带走客户　/ 160
如何把优秀销售人员的知识固化下来　/ 166

第八章　顺应人性，有效激励　/ 173

如何设计销售人员的薪酬体系　/ 174
如何对销售团队进行有效激励　/ 180
如何聆听销售人员的心声　/ 186
如何关心、体贴、尊重销售人员　/ 191

第九章　协同作战，相互支撑　/ 197

如何实现降本增效的目标　/ 198
如何协调销售部门与技术支持部门的关系　/ 205
如何协调销售部门与市场开发部门的关系　/ 211
如何协调销售部门与商务支持部门的关系　/ 217

第十章　打造铁军，无坚不摧　/ 223

如何提高销售人员的忠诚度　/ 224
如何让优秀的销售人员愿意"传帮带"　/ 228
如何从优秀的销售人员当中选拔管理者　/ 233
如何储备和培养第三梯队　/ 239

后记　/ 244

第一章

吸引人才,搭建团队

如何招募优秀的人才

很多老板都为招募不到优秀的人才而发愁，总觉得现有的销售人员不给力，但又没有合适的人员进来，只能凑合着用，进退两难。这是否也是令你头疼的一个问题？

不久前，有一个老板问我，如何才能招募到优秀的销售人员。我反问他："市场上有你想要的合适的人才吗？"他回答说："应该有。"我又问："你知道合适的人才在哪里吗？"他想了想，回答道："不知道。"我说："如果你连想要的人才在哪里都不知道，那你如何去找他们，又如何把他们吸引过来？"他一时语塞。

后来他解释说："不是我不重视相关问题，而是公司的事务性工作实在太多了，我整天忙着救火，顾不过来。"看着他心急如焚的样子，我感到不帮他不合适，于是我接着说："我知道每个老板都很忙，你每天吃饭吗？睡觉吗？"他说："那当然要吃饭、睡觉了。"我说："为什么一定要吃饭、睡觉呢？"他笑了："不吃饭、不睡觉，人就没法活了。"我说："对啊，你知道人不吃饭、不睡觉就没法活，所以你一定会吃饭、睡觉，不用别人来督促你。同样的道理，如果你真的认为企业的发展没有优秀的人才不行，你就会花时间去招募优秀的人才。"他听了以后陷入了沉思。于是，我趁机启发他："一个人说自己没时间做一件事，往往并不是真的没时间，而是不重视，觉得可做可不做，对不对？如果你真的把招募优秀的人才当作头等大事，就不会再说没有时间去招募优秀的人才了。"

嘴上说重视人才很容易，真的践行起来却很难，为什么呢？因为人们往往喜欢做紧急不重要的事，而不是重要不紧急的事。

记得多年前我在国外参加"加速成长训练营"的时候，专门有这样一个训练：每个人分别被带到一个特定的房间，房间里的电脑上有很多邮件要回复，电话上有很多留言要处理，桌子上有很多文件要批阅，还有很多小便条，教练就站在一旁，看着你如何处理这些肯定干不完的工作。

经过3个多小时的梳理，我总算松了一口气，于是教练开始给我做辅导，问我为什么先做这个，后做那个，依据是什么，逻辑是什么，我就一一回答，哪些事需要立即处理，哪些事可以缓一缓，哪些事暂时不要管，因为肯定来不及做完所有的事。其实这个训练的目的就是让我们学会分析工作的优先级，先做重要的事，再做紧急的事，但这是反天性的，只有经过专业训练之后，我们才会有这个意识——每次做事前先考虑一下，哪些才是最重要的事。

如果你认同招募优秀的人才是管理者最重要的事情，那么接下来就和我一起去看看如何操作，有哪些具体的路径和方法。

第一条路是委托猎头公司挖人，但前提是你知道挖谁，也知道他们在哪里，不能让猎头公司随便去找人。没有明确目标，这是很多公司委托猎头公司挖人时最容易犯的一个错误。当年苹果公司通过猎头公司来挖我，就是定点挖人，苹果选定了三个目标候选人，委托猎头公司去做前期的沟通、了解、测评。

记得有一天，我接到了猎头公司的电话，对方说想跟我聊聊，我一听吓得不敢大声说话，生怕旁边的同事听到，于是就小声地婉言谢绝，说我目前没有这方面的考虑。猎头公司的人说："去不去，你有主导权，为何不了解一下市场行情呢？对你没有任何损失啊！"我一听，觉得有道理，当然也有点好奇，于是就答应第二天在一家酒店的咖啡厅见面。见面后，他们给我介绍了一下情况，说对方公司正在物色一位中国市场总监，这是该公司第一次尝试用本土高端人才。我一听内心有点得意，没想到我也算是小有名气的高端人才了。然后猎头公司的人说，他们需要做一个测评，希望我不要介意，这样做对双方都负责。

一周后，猎头公司又打来电话，说测评结果出来了，请我再去谈谈。一见面，猎头公司的人就讲，苹果公司对测评结果很满意，想请我去苹果公司在我国香港的亚太区总部，跟有关的高层人员面谈。我心想：无缘无故地跑一趟香港，万一被惠普的同事知道了怎么办？搞不好鸡飞蛋打。那时我还住在惠普的宿舍楼里，周围全都是惠普的同事，所以有点犹豫。对方说："马上就是国庆节了，你可以利用国庆假期去香港玩几天，这很正常吧！苹果公司负责预订机票和酒店，再给1000美元的零花钱。不管成功与否，对你来说都没有损失。"

就这样，我悄悄地去了香港，因为不想让太多人知道，所以我仅仅告诉了一位非常要好的香港同事，希望他给我出谋划策。到了香港，我去他家拜访，他问我是否真的想去苹果公司，我说其实意愿不强烈，只是想体验一下。于是他给我出了一个主意：提一个很高的薪酬要求，让对方拒绝。我们商量了一下，结合那个时候香港同级别岗位的薪酬，决定开价6万美元一年，我们估计苹果公司不会答应这个要求——别忘了，那是1994年。

第二天我就去了苹果公司的亚太区总部，分别与人力资源总监、市场总监、销售总监、亚太区总经理进行了面谈。最后，人力资源总监把我叫到一个会议室，说大家跟我聊了之后，都对我非常认可，想听听我对薪酬有什么期望。因为我早就想好了，所以张口就说年薪 6 万美元。对方说："你稍等，我们商量一下。" 5 分钟过后，她拿着两份文件进来，对我说："我们答应你的要求，在协议上签字吧！"这下我傻眼了，愣在那里。她说："还有什么问题吗？你的条件我们都答应了。"事已至此，我只好硬着头皮签字，"稀里糊涂"地加入了苹果公司。

其实，猎头公司的角色就像媒婆一样，你先看上了某个人，然后才会让媒婆去牵线搭桥，而猎头公司的价值所在就是把一个本来不想跳槽的人给说动了，为他打开一扇窗。所以，请猎头公司帮忙，一定要先把候选人定下来，然后再让猎头公司去做工作，千万不要在这件事上偷懒。

第二条路是定向招聘。很多老板和高管都喜欢从竞争对手那里挖人，觉得这样的人熟悉产品，上手快，甚至可以带来客户资源。这是急功近利的思维逻辑，是很危险的，因为这样的人能在你这里做多久要打一个问号。那么，如果不从竞争对手那里挖人，该去哪里找人呢？我建议大家去客户那里找，或者在客户周围找。

比如，当年我们公司有一个医疗仪器部，负责向各类医院推荐医疗设备，我们就从医院里找医生来做销售，因为他们最了解客户的需求，而且他们有专业背景，跟客户很容易沟通。再如，当初我们想开发邮电通信市场，就从邮电部北京设计院找来一个人，他不仅对邮电系统非常了解，对未来几年的通信干线建设规划也很熟悉，而且他在该领域有着广泛的人脉关系。

至于大家都熟悉的广告招聘、网站招聘，我就不多讲了，我只想告诉大家一个基本事实：优秀的销售人才通常不会想着跳槽，所以他们一般不会看招聘广告，更不会在招聘网站发简历。

通常说来，大公司可以委托猎头公司帮忙寻找优秀的人才，小公司就只能靠老板亲自找，而找到了目标人选之后，如何说服他加盟，如何面试，也是关键所在。

> **小　结**　要想招募到优秀的人才，有两个关键点：一是老板重视，亲力亲为；二是选定目标，定向招募。各级管理者在招人这件事上不能偷懒，一定要把这件事列为最高优先级。

如何把好面试关，选拔好苗子

很多老板都曾经有这样的经历：面试经理人的时候，候选人说得天花乱坠，说得老板心花怒放，让老板感到好像遇到了知己，相见恨晚，可是入职后没多久，老板就发现好像不是那么回事，但由于这位经理人没有犯什么大错，老板也不好意思请他走。

"选人如同选钻石"，这是我原来的顶头上司——中国惠普公司总裁孙振耀经常说的一句话。选购钻石的时候，一般没人会请别人代购，都是亲力亲为的。类似地，公司招聘销售经理级别以上的人员时，总裁一般都会亲自参与面试，有时间的话，销售人员的招聘总裁也会参与。企业里的很多人员管理问题、业绩问题都可以追溯到招聘环节，如果不在最前端把好关，后面的麻烦就大了。与其花时间去改造人，不如花时间去选择人。别忘了中国有句老话："江山易改，本性难移。"

接下来我来谈谈四种不同类型的面试方法：感性面试法、理性测评法、行为面试法、盛情邀请法。

感性面试法

感性面试法是很多中小企业老板的最爱，通常可分为四个阶段（见图1-1）。比如，一个偶然的机会老板见到了某个人，与其聊了没几句后感觉不错，就邀请对方加盟，希望对方成为自己企业的经理人，就好比对方是那个期待已久的梦中情人。对方一看老板如此热情，也就动心了，于是双方海誓山盟，这是第一阶段："一见钟情"。加盟之后，双方往往不谈岗位职责，不谈考评标准，只谈如何把企业做大做强，老板带着自己招来的高手到处约见，这种局面一般会持续三个月左右，这是第二阶段："相谈甚欢"。

一般过了不到一年，老板会开始觉得哪里不对劲，经理人的表现水平好像跟自己的期望值有些落差，却又说不出来哪里不对劲，于是老板的态度开始"降温"，甚至变得冷淡，这是第三阶段："后悔失望"。这种情况一般维持不了半年，经理人就会待不下去了，他会感觉老板突然态度变了，不信任自己了。"说你行，你就行，说你不行，你就不行"，连个解释都没有，经理人会感到很委屈，这是第四阶段："不欢而散"。

第一阶段 "一见钟情"	第二阶段 "相谈甚欢"	第三阶段 "后悔失望"	第四阶段 "不欢而散"
老板如获至宝， 兴奋不已	老板到处显摆 自己的爱将	老板开始后悔， 觉得不对劲	老板弃之不用， 另求他选
其他员工普遍 持观望态度	其他员工普遍 感到失落	其他员工普遍 如释重负	其他员工发现 自己仍有用武之地

图 1-1 感性面试法四阶段分析

感性面试法不只是老板和当事人两个人之间的事，一旦出问题，对其他员工也会产生负面影响，而且会直接影响老板在员工心目中的威信。

理性测评法

理性测评法适合于招募基层普通员工，是很多中等规模以上企业喜欢的一种面试方法。这种方法常用于过滤、筛选，其优点是比较科学、全面，但是"有心之人"都会伪装、隐藏，他说的、写的并不一定都是他的真心话。人是很复杂的一种动物，很多问题通过书面测评是无法发现的，所以才需要下面的行为面试法来配合，以发现问题。

行为面试法

行为面试法是外企普遍采用的面试方法。我们不能光听候选人表决心、说大话。"保证完成任务""请领导放心，我一定全力以赴"，这些话都没有用。我们要了解的是候选人过去真实的经历，比如他曾经主导过什么项目，具体是怎么做的，做完了之后学到了什么，他最引以为豪的一项工作业绩如何，他做过的最难堪的一件事是什么，上司表扬他最多的地方是什么，同事不喜欢他的地方有哪些等，这些问题都是针对过去实际发生过的事情，候选人通常来不及编故事、说谎话。

除此之外，面试最重要的工作是考察候选人的动机是什么，也就是为什么应聘这家公司。这一点非常重要。了解候选人为何应聘，目的是确保"门当户对"。当年我们用的面试记录表，有半页纸都是用来记录对方想进来的动机，以方便后期分析。我们把员工加入一家公司的动机分成8大类：①把这家公司当作跳板，进来后不久就出国；②喜欢这家公司，而不是这个岗位，想先进来再说；③喜欢这家公司的培训体系，觉得能学到很多东西，把公司当作培训基地；④喜欢这家公司的福利待遇，收入比其他公司高一些；⑤喜欢这家公司的工作地点和工作环境，冬天不冷，夏天不热；⑥喜欢这家公司的名气，说出去有面子，令人羡慕；⑦工作有保障，类似铁饭碗，不用担心失业；⑧喜欢某个特定的工作岗位和工作性质，与自己的追求一致。

盛情邀请法

盛情邀请法仅限于招募高层次人才，是企业求着候选人加盟，不是候选人求着企业。我给大家讲一个真实的故事，1996年我还在苹果公司担任中国市场总监，有一天接到惠普亚太区市场中心总经理的电话，他到北京来了，希望跟我见面，吃顿饭聊聊。一见面他就跟我说："我离开香港前，很多同事跟我说，'你到了北京，把高建华招回来，你的工作就简单了'。"听了这话，我内心窃喜。他接着说："我知道你在内地做市场开发非常出色，你想不想有国际化经验，去开拓国际市场？"这下子可挠到我的痒痒肉了，那是求之不得的呀！他还有一句话，一下子说到了我的心坎里：你做了10年的市场营销工作，就差产品创新这一个环节不熟悉了，想不想补上这一课？他从我的表情看出来，我已经动心了，于是他抛出来一个问题：惠普给不了我在苹果公司的那份薪水，只能给一半（1996年，我在苹果公司的年薪是60万元）。听他这么一说，我的笑容凝固了，我陷入了困境，左右为难。他接着说："如果你有自信，来了之后能做出业绩，两年内我就让你的薪水达到现在的水平。"我陷入了沉思，这一招够狠：如果我不接，说明我没有自信；我接吧，就要做出牺牲。于是我快速地算了一下账，这两年我估计要损失50万元左右，但是会让我掌握很多期待已久的本领，最后我答应了他。现在看来，这个决策是正确的，我赚大了。

需要强调的是，每一种面试法都有它的特点和局限性，使用时要"因地制宜"。如果你知道某个人很能干，在业内有很好的口碑，不管是为人还是做事都非常出色，那么用感性面试法没有问题。如果你已经看中了某个人，认为他是某个关键岗位的最佳人选，就可以用盛情邀请法，哪怕三顾茅庐，也一定要不达目的不罢休，用真诚去感动候选人。

如果你采用理性测评法和行为面试法，就需要按照流程办事，做好以下五项基本工作。

第一，在面试前一定要给候选人看岗位要求，让对方掂量一下自己能否胜任。几年前，家里招保姆的时候，我就准备了一份保姆招聘面试用表（见表1-1），给候选阿姨看，然后问她认为自己做饭可以打几分，收拾房间可以打几分，等等。有了这些明确的岗位要求，不仅匹配很容易，而且对方很清楚，做得好能加薪，做不好要走人，实现了正向激励。

表1-1　保姆招聘面试用表

	不合格1分	合格2分	良好3分	优秀4分	杰出5分
薪资标准	<4000元	<5000元	>5000元	>6000元	>7000元
工作能力	对于没有做过的事情总是找借口，"没有做过""没有办法"	听话做事，遇到不会的事会主动问，或想办法解决	踏实做事，会积极想出各种办法来完成各项任务	主动做事，不用雇主交办，自己主动找活干	没事找事做，积极想办法取得突破，成为好管家
做饭水平	无法接受	勉强接受	家常菜普通水平	家常菜拿手水平	饭店大厨水平
家务水平	洗衣服、熨衣服、叠衣服均达不到要求，家务水平很一般，达不到要求	洗衣服、熨衣服、叠衣服很一般，家务水平属于中等偏下水平	洗衣服、熨衣服、叠衣服3星级，家务水平与大多数保姆水平相当	洗衣服、熨衣服、叠衣服4星级，做家务很勤快，比大多数保姆水平高	洗衣服、熨衣服、叠衣服5星级，做家务非常麻利，水平遥遥领先
工作态度	把工作当作负担，熬时间，混日子，不得不做而已	把工作当作工作，该做的事情不会推诿，不找借口	把工作当作任务，只要是雇主交办的事情，一定办好	把工作当作学习，努力掌握各项技能，提升自己	把工作当作乐趣，愿意把工作做到极致，用心做事

第二，公司招聘面试一定不能只有一名面试官，必须成立三人面试小组，如果是你所管的部门招人，必须请两位与你级别一样且

有竞争关系的经理参与面试。这是一种制衡，既可以防止应聘者走后门，也可以防止招聘者一时头脑发昏，做出错误的选择。

第三，要对候选人提出明确的要求和期望，看看对方是否敢于接受挑战，有没有自信。告诉候选人，如果他表现出色，下一个职位是什么，把职业生涯规划提前讲清楚，即在面试环节就把"未来"说清楚。

第四，灵活运用推拉战术。如果你看上了某个候选人，感觉不错，就要设法吸引他，设法拉他进公司，要告诉他只要在这个岗位上认真做，就能得到什么，学到什么。对于那些你没有看上的候选人，则可向其强调这个岗位带来的艰辛、痛苦、不确定性、复杂性，让对方知难而退，也就是把他推出去。

第五，面试时要知道对方的期望值，尽量让对方开价，即提出明确的薪酬期望，这样才能判断公司现有的薪酬体系能否满足对方的要求，公司的晋升通道能否匹配对方的长远追求，要把丑话说在前面，避免发生误解。

> **小　结**　好苗子也需要浇水施肥，才能茁壮成长，同样地，优秀的员工不能由他们野蛮成长，自生自灭。育人这件事既是对员工负责，也是对公司负责。

如何让新员工尽快融入企业

有位老板花了很大的价钱、很多的时间,从同行企业挖来几位销售精英,可是没过半年他们就全跑光了,这种情况令老板费解,他想不通到底哪里出了问题。

这是一个真实的案例。A 公司是做工业设备 B2B（Business-to-Business，企业对企业）市场的,中美贸易摩擦发生后,其开始加强国内市场的销售。鉴于产品的品质已经在行业龙头客户那里得到了验证,A 公司就想通过增加有经验的销售人员来快速扩大市场份额。经过一段时间的远程面试和现场面试,最后公司选定了 6 个人,内销队伍就从原来的 3 人增加到了 9 人。经过一周的短期培训（涉及产品知识、企业文化、销售技能、现场情景模拟训练等）,大家信心十足,分别被派到 6 个区域去了。

公司通过每天的日报和每周一次的远程例会对这些人进行跟踪,过了几个月,各项计划推进缓慢,日报都是流水账,即当天做了什么,但是没有结果,员工觉得无助,公司觉得无奈。不到 6 个月,两位员工提出辞职,要去创业,另两位员工因为不符合要求被淘汰,剩下的两位员工虽然没有犯错,但是也没做出任何业绩。6 个人,6 个月的时间,消耗了上百万元的直接成本,业绩却为零。

那么,是什么原因导致新来的销售人员全军覆没呢？事后 A 公司复盘,总结出来三条原因：一是人员不匹配,以前他们在大公司做得不错,有可能是公司品牌硬,而不是个人能力强；二是公司没有市场部,无法给销售人员提供信息、支持和引导；三是培训有点走过场，时间太短，没有真正教会大家具体怎么做。

尽管 A 公司总结的这三条都是对的，但是如何解决这类问题才是关键。如果公司没有特定的销售人员素质模型作为依据，招聘很容易跑偏。在别的公司能干的员工，未必到了你这里也能干，这是测评和面试环节需要考虑到的问题。没有市场部是公司的战略和组织架构设计有问题，好比人缺少一条腿——即使销售人员非常努力，也是单腿蹦，效率和质量都不会高。下面我们重点探讨第三条原因，并给大家一套可以马上付诸实践的方法，那就是必须给销售人员赋能，先培训，后上岗，并且培训时间不应该是一周，而应该是 6 ~ 9 个月。

大家知道，新兵入伍后，都要接受半年左右的训练，学习最基本的行走、站立、射击等。这些基本技能用一周的时间可以掌握吗？肯定不可以，而让不具备基本技能的战士上战场，结果可想而知。很多企业普遍存在这样的思维误区，以为都是有经验的员工，很多事情他们都应该知道怎么做，可以无师自通。大家知道，一个人改变习惯需要至少坚持 21 天，而要改变很多习惯，没有半年是不行的。多年前，我们那一批新员工进入惠普后，用了 12 ~ 18 个月才完成了所有新员工训练科目，成为合格的员工。

那么用 6 ~ 9 个月的时间做什么？进行"入模子"培训。我打个比方，有这样一个黑盒子，人们在进入黑盒子之前是各式各样、高矮不一的，而从黑盒子里出来后却是整齐划一、一模一样的。这个黑盒子就像做月饼的模具一样，不管是什么形状的饼胚，用模具一压，就成了大小一样、花纹一样的月饼。要知道新员工来自五湖四海，存在很大的离散性，价值观不同，知识结构不同，行为习惯不同，沟通方式不同，如果不把他们按照同一个模具进行塑型，很难打造出一个有机的整体、一个有战斗力的团队。

新员工的"入模子"培训是一项系统工程，技术难度高的企业可能 6~9 个月都不够。在此期间，企业必须做好 6 件事情。

第一，入职培训。入职培训一般需要三天时间，由总裁亲自给大家介绍企业文化，包括价值观、行为准则、决策机制、领导风格等。为何要由总裁亲自做介绍？为了显示企业对新员工的重视，增强员工对企业的信心。除了总裁要出面，其他高管也要一一亮相，让新员工在第一时间认识高管团队。不管新员工是什么名牌大学毕业的，或者在什么知名企业工作过，听了一大批高手的介绍后，往往就心悦诚服了。

第二，介绍企业的内部情况，包括组织架构、部门设置以及与每个人都密切相关的规章制度，如薪酬福利、个人发展、员工培训、出差报销、休假请假等方面，让新员工了解企业的情况，增加对企业的好感，最好是建立起在企业工作的优越感。需要强调的是，新员工入职培训，一定要站在员工的立场去设计培训内容，看看他们关心什么，想知道什么。

第三，邀请高管和老员工做分享。邀请几位经理、总监甚至更高层级的老员工与大家分享，他们首先要说自己来这家企业多少年了，并因工作年头长而感到自豪。这背后的潜台词就是，这是一家可以长期待下去的好企业。接着他们可以说，自己刚进来的时候也跟大家现在一样，就是一位普通的销售人员，或是基层的专业人员，没有任何背景。这背后的潜台词就是,只要你努力,你也可以成长为优秀的管理人员。

第四,给新人安排一位师傅。企业可以借鉴新加坡的小学采取的一项措施。一年级新生入学时,学校会给他们安排高年级的"学哥"或"学姐"作为向导,课间休息时,向导就会带着新生去熟悉环境,告诉新生厕所在哪里,如何去借书,如何去买饭,如何存放物品,学校里都有哪些设施,手把手地教新生,这样经过一周的时间,新生就适应了环境。要知道,一个人来到一个陌生的地方的时候,最难过的就是第一周,人生地不熟,会有莫名其妙的恐惧感、凄凉感,如果没有人在这个特殊的时段里给予关怀和体贴,会对其造成一定程度上的心理伤害。

第五,带着新员工到各个部门去转转。为了让新员工度过最困难的第一周,入职第一天,顶头上司一定要带着新员工去"拜码头",到各个职能部门去看看,跟各个部门的头儿打个招呼,上司会说"这是我们部门新来的×××",新员工自己会说"初来乍到,请多多关照",而各个部门的头儿看在老同事的份上,一定会说"欢迎欢迎,有什么问题尽管来找我",这就为日后的二次沟通奠定了基础。

第六,调整好新员工的心态,让新员工知道自己创造的价值如何计算。一般说来,入职半年之内,员工创造的都是负价值,入职半年至一年才能实现"盈亏平衡",入职一年后才能真正开始创造价值(见图1-2)。这一点一定要给新员工讲清楚,让大家心中有数。新员工刚来时,不了解企业的情况,不熟悉产品,不了解客户,不熟悉操作,因此自然需要有人带,需要接受大量的培训和辅导,甚至要犯很多错才能成熟起来。

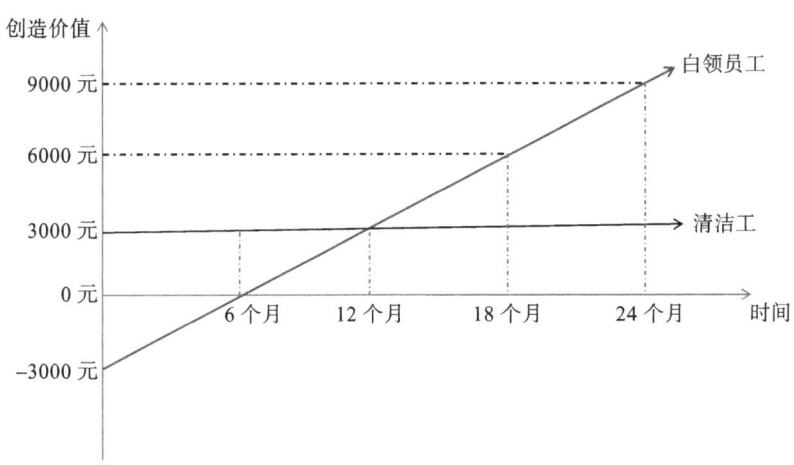

图1-2 新员工创造的价值计算

很多老板都希望员工来了马上就能去"打仗"，去创造价值，这是不现实的。这就好比战士没有经过训练就上战场，根本毫无战斗力，不是被打死，就是被俘虏，或者开小差。三个月下来，不合格的，换一批，再过三个月，又换一批，一年下来新员工存活率不到20%，80%的人创造的都是负价值——就像前面讲的案例一样，企业亏大了。而存活下来的那20%的人会认为天下是自己打拼出来的，企业没有提供任何支持，因此不会对公司感恩，只要有人挖就跟着跑了。所以，老板一定要会算账。

我原来的顶头上司——中国惠普公司总裁孙振耀说过这样一段话：如果一个地方经常出交通事故，那么可能不是驾驶人的错，而是道路设计者的错。作为管理者，一定要经常反思，通过制度设计，引导大家做正确的事。好员工为何进不来、留不住，到底是什么原因？是因为很多老板不会算大账，不理解员工融入一家企业需要时间、环境和关怀。其实，能不能做到这样跟企业大小无关，只有这么做了企业才能长大，而不是企业长大了才这么做，其中的因果关系老板们千万不要搞反了。

> **小　结**　为了让新员工尽快融入企业，企业一定要有耐心，要有具体的措施和方法，不能操之过急，否则就会走向反面，浪费时间，浪费金钱，浪费感情，导致企业和员工两败俱伤。

如何让空降兵发挥应有的作用

很多民企老板求贤若渴，高薪聘请"空降兵"加盟，可是没过多久就发现，空降兵不给力，达不到自己的期望，而老员工觉得那些空降兵来了拿着高薪不干活，还不如他们，就会感到非常失落、受伤甚至有抵触情绪，结果是企业"赔了夫人又折兵"。

下面我给大家讲 3 个案例，3 个解决方案。

第一个案例及解决方案是关于空降兵和老板的

几年前，B 公司的老板高薪挖来一位职业经理人，他的用人理念就是不讨价还价，对方要多少就给多少，看起来很豪爽，是不是？但正是这种意气用事的做法，最后导致了千万元金额的官司，双方对簿公堂，不欢而散。离职的经理人无奈地说，公司最大的问题就是在内部管理上，董事长什么事都插手，职责划分不清，让他很痛苦。另外，老板对经理人的要求经常变，很随意，令他无所适从。

我想大家都听说过，有些名人在跟对方结婚之前就把离婚的条件都谈妥了，以避免离婚时产生纠纷，这才是理性的做法。要知道谁也不是圣人，在职场上我们不能假定对方是"道德人"，其实大家都是"经济人"，必须遵循经济规律和市场规律，否则一旦反目就会两败俱伤。

面对第一个案例中这样的情况，该怎么办呢？

第一，一定要有明确的岗位职责、素质模型和考核标准，让候选人对号入座，理性地做出判断，自己是否适合这个岗位，能不能做好，明白做好了能得到什么，做不好会是什么结局。

第二，要在入职前跟空降兵谈好工作要求，比如工作时长、加班制度、休假制度、请假制度、出差标准以及如何平衡工作与生活等，这些事不能避而不谈。

第三，遇到不合适或者不理想的空降兵，要么进行培训、辅导、干预，要么尽快辞退，赔钱让其走人。不能采用让其"坐冷板凳"的方式来冷落空降兵，逃避自己看人看走了眼的责任。拖延决策，只会让空降兵感到痛苦、难堪，最后不得不灰溜溜地带着怨恨离开。

第二个案例及解决方案是关于空降兵和空降兵的

我的咨询客户 C 公司，为了快速发展，同时从多家跨国公司高薪聘请了一批经理人。因为这些人来自不同的跨国公司，文化不同，做事风格不同，所以相互之间矛盾重重，谁也不买谁的账。每个人都利用自己职能部门的权限设计规章制度，提出不合理的要求，甚至给其他部门制造障碍，结果可想而知，半年后大多数经理人都离职了，公司又回到了原点。

如何妥善解决这个问题呢？首先我们要知道，公司的管理风格也是有派系的，大家比较熟悉的有美国的"东部派"和"硅谷派"，日本的"丰田派"和"稻盛和夫派"，中国则有"中西结合派""军事化管理派"和"狼性化管理派"。所以企业在引进空降兵的时候，不能随意为之，要看老板属于哪一派，然后引进跟老板风格相接近的那类人。俗话说："物以类聚，人以群分。"千万不要把团队搞成"八国联军"，那样就乱套了。

第三个案例及解决方案是关于空降兵和老员工的

公司高薪引进的空降兵，却像一颗重磅炸弹，导致了公司内部失衡。面对巨大的薪酬差别，老员工难以接受，无法适应。他们会想：我们辛苦干了那么多年，还不如一个新来的人。空降兵没有给公司创造任何价值，却拿着几倍于老员工的薪水，老员工心里当然会不服气。

这是一个真实的案例。我原来的一个同事，空降到了 D 公司做高管，老板对他寄予厚望，给了他五倍于其他高管的高薪。他去了以后就大刀阔斧地改革,希望尽快把公司的管理水平提高。他秉公办事,没有任何私心,全心全意为企业着想,但是他的很多改革措施却触及了老员工的利益,于是很多人开始告状,阳奉阴违。不管多大的事都要请示他,话里话外传递一个信息:我们这帮人都不行,没法跟您比,所以这事还是由您来做判断、做决策。这搞得他焦头烂额。没过多久,老员工们集体逼宫,我原来那位同事只好黯然下台。

过了很多年,我给D公司的高管做培训,中午一起吃饭的时候,大家就聊起了我原来的那位同事,我说:"那位同事在我们公司的时候很能干,怎么到了你们这里被整得那么惨?"大家都笑了,他们开玩笑似的打了一个形象的比方。D公司的传统就是搞"阶级斗争",部门与部门之间,产品线与产品线之间,上级与下级之间都是矛盾重重。但是,当我那位同事加盟后,他们感受到了共同的威胁,于是决定暂时放弃"阶级斗争",一致对外,先解决"民族矛盾"。这个说法很形象,大家一听就懂,我会心地一笑,接着问他们:"那后来呢?"他们说:"'民族矛盾'解决了,我们继续搞我们的'阶级斗争'。"说完,大家哈哈大笑。

如何解决空降兵与老员工之间的矛盾呢?我的建议有以下三点。

第一,公司要有科学的职位级别设计。每个员工入职时都要知道自己目前在哪个级别,将来可以晋升到哪个级别。不管是老员工还是空降兵,都必须纳入同样的级别体系中,一视同仁,不能随便破例,这是人力资源部门必须坚守的底线。

第二,每个级别的薪资水平都要设下限、中位数和上限(见图

1-3）。同一岗位的薪资水平只能在上限和下限之间，不能因人而异，只能因岗而异、因能力而异。谁有本事，可以胜任某个岗位，谁就可以申请，拿到那个岗位对应的薪水，而且要优先在部门和公司内部选拔，内部没有人应聘了，公司才能引进空降兵，这样大家才心服口服。

第三，采用合作模式。空降兵进来了，公司必须安排一个老员工做搭档，起到互补的作用，老员工有义务帮助空降兵尽快了解企业文化、运营机制、明规则、潜规则，空降兵则有义务帮助老员工提升经营管理水平，手把手地教老员工方法论，双方互相成就，互相感恩。

上述三种矛盾，其实涉及很多层面的问题，包括老板和各级管理者的用人哲学、人才管理体系、空降兵考评体系等。所谓老板的用人哲学，就是老板请空降兵来是为解决什么问题，为何要请空降兵，图的是什么。是为突破业绩瓶颈，带来资源，带好团队，找一个打工高手，还是为找一个二次创业的伙伴？目的不同，需要的人才类型就不同。

很多老板都想找到"武艺高强"的空降兵来实现自己的梦想，这是不现实的，尤其是企业规模达到10亿元之前，老板必须亲力亲为，自己带着团队往前冲，不能偷懒。要知道，经理人只能在某一个职能领域帮老板分忧，用自己的专业技能来辅佐老板，而不是代替老板，这不是给钱就能解决的问题。

总之，老板要花大力气搭建优秀的团队而非团伙（见图1-4），注重员工间的融合与协作，打造事业共同体。

第一章 吸引人才，搭建团队　23

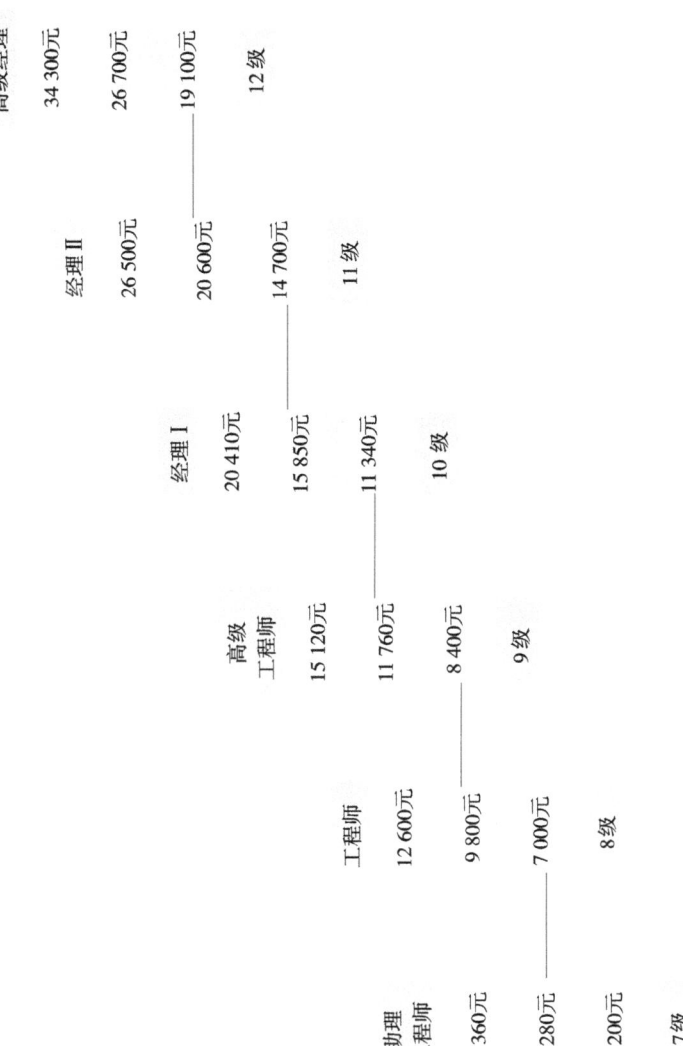

图1-3　岗位级别与薪资设计图

团伙	从乌合之众到事业共同体	团队
• 为了短期的某种利益 • 同床异梦,追求不同 • 各行其是的做事风格 • 互不认同的行为准则 • 缺少担当的组织成员		• 有共同的理想和追求 • 有公认的价值观标准 • 有互补的人才相配合 • 有标准化的行为规范 • 有大局意识作为基础

图 1-4　团队与团伙的区别

> **小　结**　搭建一个优秀的团队,既需要自己培养"子弟兵",也需要引进空降兵,而员工之间的融合非常重要,唯有齐心协力,才能把一个团伙变成一个团队。

第二章

明确要求，得到承诺

如何设定销售人员的岗位职责

很多公司的销售人员都是单兵作战，如何对他们进行有效的管理和监督，是令各级管理者都很头疼的一个问题，即使用了钉钉App打卡，也无法解决根本问题。

E公司是做工业品B2B市场的，销售模式是按区域划分市场，一个人负责一个区域。销售人员经过一周的集训后就带着各自的业绩目标下市场了，平常和公司联系不多，比较自由。由于没有行之有效的过程管控措施，导致很多销售人员混日子，甚至做私单。E公司目前有18位销售人员，每人每月的固定费用支出约1万元。10年过去了，公司在销售人员身上花了很多钱，却依然没能建成一支高效的、有战斗力的队伍。

这种现象是不是似曾相识？其实这是很多中小企业都普遍存在的问题。接下来我从三个维度进行分析，看看问题到底出在哪里。

一是急功近利的问题。B2B企业面向的是企业客户，数量有限，容易查找到，关键是公司要先集中有限的资源，深耕一个区域，做出样板工程，让所有销售人员都知道如何开拓市场，并形成固定的套路。经过几个月的实战训练后，知识和技能两方面考核都合格的销售人员才能"单飞"。

二是管理模式的问题。销售人员属于外勤，如果既没有内勤人员配合，也没有管理者辅导、支持，提供各种资源，销售人员就成了孤军奋战，能干就活下来，不能干就被淘汰。任凭销售人员自生自灭，这是很不负责任的一种管理模式。这样做的结果，要么人员流失严重，要么大家混日子。

三是岗位职责的问题。这也是本节重点谈论的问题。就像上面案例中所讲的，E公司仅仅给销售人员定了一个业绩目标，其他的就不管了，这是典型的"放羊模式"。销售人员无依无靠，得不到信息，得不到支持，得不到指导，只能胡打乱打。俗话说："欲速则不达。"公司想快速发展，这可以理解，但是快的结果就是多年以后还在原地踏步。为何不能用两三年的时间把基础打好，再用两三年的时间去快速复制呢？有这五六年的时间，公司就能进入稳定状态了。

销售人员的岗位职责一般包括三大部分。

第一部分：做好两张图

首先，销售人员必须做好"扫马路"的工作，要对自己所负责的区域进行摸底，知道该区域有多少目标客户，客户分布在哪里，客户的产品是什么，客户面临的挑战是什么。用三个月左右的时间，做出一份客户分析表，可以按照行业和地区进行分类，形成两张"市场地图"（见表2-1和图2-1）。

表2-1 全国养猪企业市场分布统计表

	大型猪场	中型猪场	小型猪场
全国客户总数量	200家	2 000家	20 000家
客户平均年度需求量	1 200吨	200吨	30吨
预计市场总规模	240 000吨	400 000吨	600 000吨

通过表2-1我们可以了解到一些关键信息，一是客户分成了大中小三类。尽管每个行业划分标准不同，但是这个逻辑是普遍适用的。

二是大型养猪企业有多少，平均每年需要多少；中型养猪企业有多少，平均每年需要多少；小型养猪企业有多少，平均每年需要多少。这些都了解了，市场盘点工作就算完成了。

下一步是做竞争格局分析，看看本企业在各个地方的市场占有率情况。举例如图2-1所示。

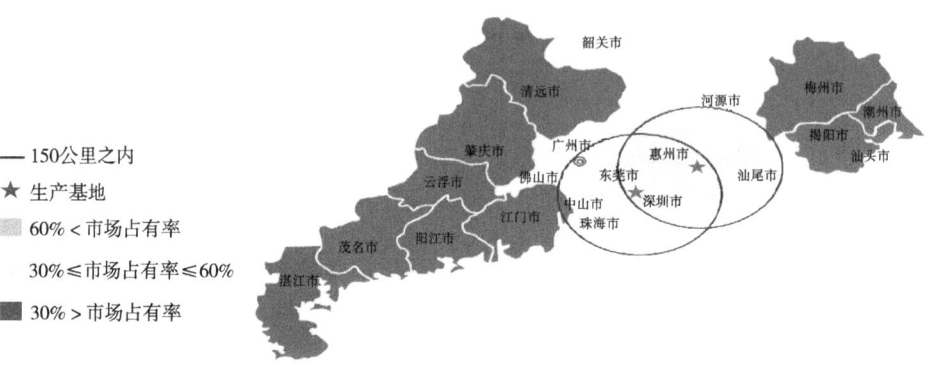

图2-1 广东省中型养猪企业市场地图

中灰色区域代表市场占有率大于60%，浅灰色区域代表市场占有率在30%到60%之间，深灰色区域代表市场占有率小于30%。具体到你所在的行业，什么灰度代表什么市场份额可以自己确定。具体的做法就是，大客户用全国地图来做分析，中客户用全省地图来做分析，小客户用全市地图来做分析。有了市场地图，还要有客户名单做支撑，即把所有客户都罗列出来，形成客户档案，便于销售人员挨家挨户地去拜访。

当年我刚加入中国惠普的时候，第一项重要工作就是"扫马路"。我去北京王府井书店、西单图书大厦买了各个行业的工业年鉴、企事业单位名录，并进行了分类整理，用三个月左右的时间把各行各业的客户分布都摸清楚了，把他们可能需要我们的什么产品也搞明白了，这就为后来销售人员接触客户、开拓市场奠定了基础，让销售人员知道去哪里找客户，并且知道如何跟客户谈，确保不会有漏网之鱼。

其次，销售人员要定期反馈竞争对手的信息。销售人员身处一线，经常与客户打交道，自然可以了解到大量的竞争对手的信息，销售人员有义务定期将本区域最重要的前三名竞争对手的信息反馈给公司，便于公司汇总竞争对手的动态，做出竞争分析报告，从而知己知彼，百战百胜。

最后，销售人员不仅要有可以量化的年度经营目标，还要有工作任务，如打造几个样板工程、拿下几个重点项目、市场占有率争取达到什么水平等，目标一定要很具体、很明确。每项工作任务都要有考核标准，如做到什么样得 5 分，做到什么样得 4 分，做到什么样得 3 分，要提前说清楚。

第二部分：素质要求

一个销售人员不仅要会做事，还要会做人，这是很多企业最容易忽视的。大家太重视结果，而忽视了过程管控，这样的结果就是销售人员可能很能干，但是胡来，甚至把客户资源据为己有，要挟公司。在优秀的企业里，大家都坚信这样一个理念：只要过程正确，结果必然正确。如果你也认同这种管理哲学，就要把过程管控当作重点来抓，而不是只盯着结果。

销售人员的素质要求都有哪些呢？一共有 8 项，包括计划性、执行力、敬业度、抗压能力、沟通能力、产品知识、行业知识、客户满意度8个方面。本节我们重点谈论计划性。如何衡量一个销售人员的计划性呢？我们可以用销售预测精度来考评。一个销售人员不仅要有明确的目标，还要能把如何完成目标想清楚、说明白、做到位。销售人员要每周与上司沟通一次，审核销售漏斗里的每个潜在客户的进展：有购买意向的，按照25%计算成功率；在本公司和竞争对手之间二选一的，按照50%计算成功率；客户基本选定了本公司，正在走内部审批流程的，按照75%计算成功率（见图2-2）。这样，不仅很容易判断每个目标客户或潜在客户的状况，而且很容易计算出每个销售人员下个月能做多少生意。这个环节做好了，整个公司的运营就会顺畅。要想把销售预测做到极致，就要自上而下地重视销售漏斗，老板每月检查销售漏斗，总监每周检查销售漏斗，使销售漏斗成为所有销售人员都认同的一个工具。

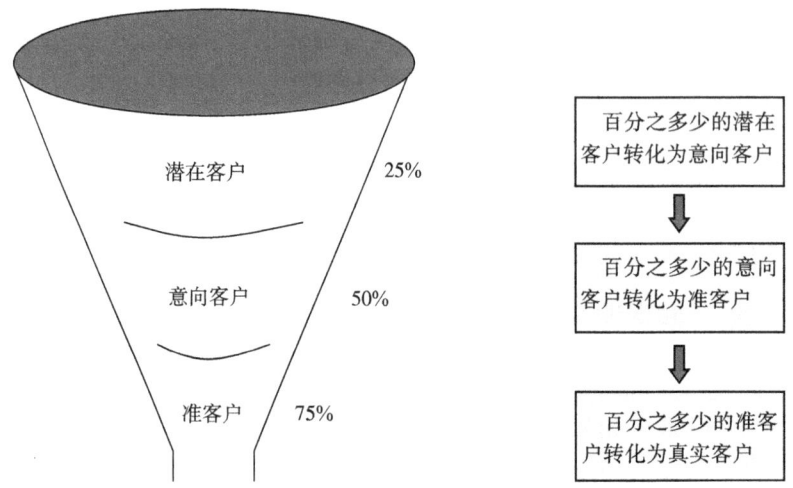

图 2-2 销售漏斗

第三部分：个人发展

　　一个人在一家企业工作，除了薪资以外，员工最关心的就是个人成长与发展，即能学到什么东西。所以在设计销售人员的岗位职责时，一定要有这样一部分——下一年员工想在哪个领域有所突破。员工可以通过参照素质模型，发现自己的短板，然后不断完善自己。比如下一年员工想提高沟通能力，尤其是英语口语水平，那就要有具体的计划：是参加培训班，还是参加英语沙龙；是请外教，还是自学；目前水平是几分，一年后希望达到几分。等到一年时间到了，公司就要考核员工是否达成了目标，如果没有达成，员工的考评得分就会受到直接影响，这样做是引导员工对自己的前途负责。

　　个人发展计划一定是员工主动提出来的，然后跟上司协商，双方一旦达成共识，上司必须提供便利。比如我们那会儿有很多培训班，常常要占用下班前的一小时，对于这种情况，上司就要给予理解和支持。再比如我们公司有一项制度，可以资助员工利用业余时间学习拿文凭，只要员工拿到了相关文凭，公司就会报销一半的相关费用。当然，员工拿到的文凭必须是跟本职工作密切相关的，是为了更好地做好本职工作，而不是为了个人的业余爱好。

　　明确了岗位职责，大家清楚地知道每天应该干什么，每周应该干什么，每月应该干什么，以及上司如何考评，工作起来才会有方向感。

> **小　结**　要想让销售人员能征善战，就要先花时间、花精力设定好岗位职责，确保公司和员工双方就具体的工作内容达成共识，这是一劳永逸的一件事情。

如何设定销售经理的岗位职责

公司将一个出色的销售人员提拔成销售经理，本来是指望他能带领团队取得更大的成绩，结果却走向了反面，公司不仅失去了一个优秀的销售人员，团队成员还怨声载道，这是很多企业都曾经发生过的悲剧。

为什么会这样呢？我们从一个真实的案例开始说起。我的一个学员企业 F 公司，是一家化学品分销商，主要经营国内外各个种类的化学品。几年前，公司在内部提拔了一位业务做得最好的销售人员，任命其为公司的销售经理，老板对他寄予厚望，希望他能够带领销售团队实现年度业务目标。这位销售经理上任后，还和原来一样，喜欢自己跑客户，不愿意花时间在部下身上，导致老业务人员放任自流，新业务人员没人带，最终年度业务目标无法达成。

由于该销售经理自己也有销售任务，因此他会把好产品留给自己，并且总是先行一步，优待自己负责的客户，这让部下感觉不公平。而当公司进行价格调整时，其他销售人员都还没开始行动，他已提前采取措施了，他自己的任务完成了，其他销售人员的业务量却下降了。公司发现了这些问题后，果断地采取措施，对其进行了降职处理，虽然收入没有降，但是没过半年，这位当年的销售精英就离开了公司，非常可惜。

这个案例反映了中小企业在销售经理管理上非常典型的一个问题，下面我从几个维度来分析其背后的原因。

第一，一个员工在被提拔到管理岗位之前，必须接受新经理培训，理解管理者的角色定位，知道管理是通过他人把事情做好，而不是自己亲自去做事。在成为销售经理之前，是"一人吃饱，全家不饿"，而在成为销售经理之后，要"先天下之忧而忧，后天下之乐而乐"，只要有一个部下没有吃饱，销售经理就要饿着，没有这个心理准备就做不好管理者。作为销售经理，他自己绝对不能直接做业务、跑客户，他的销售指标应是所有销售人员的指标之和。如果一个销售经理既管理团队又有自己的业务指标，那么这个人肯定是自己的业务优先，管理其次，这是人的本性。具体怎么做呢？假如一位销售经理带着6个销售人员，每个销售人员的指标是500万元，那么这个销售经理的指标就是部下指标之和，也就是3000万元，他自己绝对不能扛指标，因为销售经理是管理者，而管理者的角色定位就是育人，把部下培养起来，然而很多企业都让销售经理扛一些指标，这样做必然出问题。销售经理把大家的积极性调动起来，把每个人的能力培养起来，帮助销售人员完成任务，自己自然就能完成任务。

第二，好的运动员未必是好的教练员。企业在选拔销售经理时，不仅要看一个人的大局意识、服务意识、沟通能力、个人情商，适不适合做管理工作，愿不愿意花时间去培养部下，还要给想成为管理者的人提前做培训，让他们体验一下管理者的角色，这跟"先尝后买"是一个道理。我们那个时候有一门培训课叫 BOM（Basic of Management，管理基础课），资深的业务人员都有资格参加培训，内容包括最基本的管理要素，如计划管理、预算管理、流程管理、团队建设、员工激励、员工辅导、员工考评等。千万不要以为大家可以无师自通，当上管理者以后自然就会做这些，在正常情况下，优秀的销售人员当中能有 20% 的人适合做管理者就不错了。

我以前的一个同事，是个非常优秀的销售人员，几乎每年都是销售明星，都会得到嘉奖，后来被提拔成了销售经理，虽然他没有再去做业务，但是由于不会跟下级打交道，不会带团队，搞得整个团队乌烟瘴气，没有活力。过去他当销售人员时，每年都能拿到高额的佣金，可是自从当了销售经理后，团队的任务总是完不成，他自己不但拿不到佣金，连基本工资都要打折，很郁闷。经过两年的试验、磨合，最后他不得不承认自己不适合做销售经理，只好回去继续做销售人员，但是这么一折腾，对他的自信心造成了很大的打击，在其他人面前他总觉得没有面子。

第三，销售经理必须有清晰的岗位职责。让每个人在上任前都很清楚公司对这个岗位的具体要求，这是非常重要的一项工作，但是很多企业都没有做。那么作为一位销售经理，他的岗位职责都包括什么呢？我们可以从 7 个方面来设计。

1. 负责做计划。销售经理要把自己负责区域的年度计划分解到每个月，把每个月的计划分解到每一周，把各项任务布置下去，然后带领团队成员一起按照计划去落地实施。如果一个人不会做计划，不会做分解，就不能做管理工作。因为做计划的背后是优先级设计，即明确先做什么，后做什么，然后才是分工合作，每个人负责一块，都要有明确的完成标志和考评标准。

2. 负责做预算。销售经理掌握着一定的资源，每年根据销售指标拿到相应的预算，就像居家过日子一样，要做好预算。多少钱用来发工资，多少钱用来出差，多少钱用来买办公用品，多少钱用来请客户吃饭，多少钱用来做培训，多少钱用来开会，都需要基于计划做预算，然后每个月都要进行监控，看看每类花费是否都控制在预算之内。

3. 负责做辅导。这是销售经理的头等大事，也是重中之重，作为销售经理，每周要给部下做一对一辅导，每人至少辅导2小时，了解销售人员过去一周里遇到的困难，给他们出谋划策，提出具体的建议，既包括做事方面的，也包括做人方面的。销售经理要将自己的经验和智慧无私地与部下分享，提高部下的水平，帮助部下完成任务。这种一对一的沟通至关重要，不能用一对多的开会来替代。

4. 负责做监控。销售经理与每一位销售人员讨论销售漏斗，实时掌握客户情况，不能让销售人员把客户据为己有。简单地说，销售漏斗就是每个销售人员管理的客户档案，是从市场地图演变过来的，包括客户单位、联系人姓名、电话，对哪些产品感兴趣，预计会买多少，预计何时会下单，成功率预计是多少。借助销售漏斗，销售经理可以每周一次，检查分析每个客户的进展，如果某个客户没有进展，就要和销售人员一起分析原因，到底问题出在哪里，然后商定下周的具体改进措施。

5. 负责做团建。销售经理作为管理者，要具备领导力，主动带领团队往前冲，在市场状况不好时，给大家打气；在遇到竞争强敌时，给大家支持；在某个成员家里有困难时，提供必要的帮助；在员工迷茫困惑时，给他们指明方向，鼓舞士气。具体说来，就是把销售人员当作自己的内部客户，照顾他们、体贴他们甚至伺候他们，让大家心情舒畅地去工作，为大家营造积极向上、宽松祥和的氛围。我只要不出差到外地去，一般会在家里泡茶喝，每次喝茶时我都会给我们家的两个阿姨端茶过去让她们喝，因为人心换人心，你对人家好，人家自然对你好。

6. 负责做考评。销售经理需要对部下负责，帮助部下学会"照镜子"，发现自己的短板。做考评的唯一目的，就是帮助员工成长、成才。遗憾的是，很多企业都把考评当成了发奖金的依据，扭曲了考评的作用，为了考评而考评。要知道，考评的本意是让部下对照他自己心目中理想的五分标准，看看他离理想中的自己还有多大差距，以及对照销售人员素质模型，看看自己表现如何。

7. 负责做激励。销售经理一定要理解人性，不要跟人性较劲，在自己负责的区域内，营造奖优罚劣的环境，让大家为了最大化个人利益而努力奋斗。当然，这里说的激励不仅仅是金钱方面的，而是多维度的。一个人之所以好好干不仅仅是为了经济利益，还有其他方面的需求，比如荣誉、权益、认可、表扬、信任、重视、晋升等。管理者要学会用动力式管理取代压力式管理，用榜样的力量引导大家上进。当然，并不是所有优秀的销售人员都适合做销售经理，因为两者的工作技能、工作重点、时间安排及主要挑战都是不一样的，如表 2-2 所示。

表 2-2 从销售人员到销售经理

	销售人员	销售经理
工作技能	具备专业知识、技术知识，团队合作，互相帮助，与同事建立融洽的工作关系，学会有效地利用公司的工具	制订计划，编制预算，岗位描述，人员选拔，业绩评估，授权辅导，沟通激励，建立融洽的关系
工作重点	用自己的专业知识和技能高质量地完成公司交给的任务，认同企业的价值观	通过他人来完成工作任务，帮助部下成功，让部门成功，公正、自律、正直地处理事务
时间安排	按时上下班，自觉遵守公司的考勤制度；合理安排时间，按时完成上级交给的任务	年度预算，工作计划的制订，有足够的时间与部下沟通，设定部门工作优先级和顺序，与相关部门沟通
主要挑战	如何超越同事，如何让上级和同事认同自己的为人和能力，耐得住寂寞，愿意付出更多的时间和精力	从自己做事到辅导部下做事，容忍部下比自己差，从管事到管人，分配好时间，以开放的心态改变自己

小　结　销售经理不是销售明星的升级版，而是一个"新物种"。销售经理要从自己做事转化为赋能部下去做事，从自己能干转变为团队能干，工作性质是完全不同的。

如何成为受客户尊敬的销售人员

很多年前，一位客户向我们公司老板反馈说，负责他那个区域的一位销售人员非常敬业，每天都给他打电话，比亲人打得还频繁，时间久了客户觉得很别扭，成了包袱。他建议我们公司的销售人员把关注点放在提升专业技能上，而不是整天嘘寒问暖。

这可能是很多大客户销售人员普遍存在的一个思维误区和行为误区，他们以为天天打电话给客户，是一种关怀和体贴，是"客户至上，客户第一"的表现，客户会喜欢。这是很肤浅的认知，客户真正需要的不是这种客套，时间久了客户会觉得很假，甚至反感。所以，销售人员一定要换位思考，站在客户的立场去想一想，客户真正需要的是什么，而不是站在自己的立场上去思考，以免弄巧成拙。

我给大家讲一个不久前发生的真实案例。一家做工业品配套零部件的企业G公司，厂区正好位于新冠疫情较严重的区域。因为他们生产的零部件是为医疗企业提供配套服务的，所以2月初就逐步复工了。2020年2月8日，公司总经理张总接到一个很久没有联系的客户李经理的电话，他希望张总帮个忙，提供急需的一批物料，并且要和其他几个供应商拼箱，一起发送过去。张总爽快地答应了："没问题，都是老客户了，我们来做好协调工作。今后还有需要帮忙的，直接找我们公司的销售人员小王就行。"挂完电话，张总就叫来销售人员小王交办落实，小王听到这种不合理的需求后，忍不住嘀咕了一句："这批货物里面甚至有我们竞品公司的物料，也要我们帮忙处理吗？"张总的回答是"一样办"。

一周后，张总收到了客户李经理的语音信息，衷心感谢销售人员为他们排忧解难，解了燃眉之急。同时，他又提出了一个新要求，希望张总公司能协助他们将模具从不能复工的企业移转到其他企业作应急生产之用。看到信息后不到半小时，销售人员小王就气呼呼地跑到张总办公室抱怨说："老大，这个客户也太麻烦了吧，上次的事情刚办完，马上又来了新的事情，这些都不是我们公司的事，是客户跟其他厂家之间的事，干吗要我们做？我们现在人手也非常紧，况且他们并不是什么大客户，有必要这么三番五次地全力帮忙吗？"

在张总的坚持下，小王还是帮助客户完成了模具的移转。3月初，客户老板又亲自打了一个电话给张总，除了表示感谢外，还特别感慨地说："危难之中见真情，这个时候才能看出来哪些是好的合作伙伴，如果没有你这么真诚地帮忙，这件事肯定就办不成了。"

事后，张总反思，这件事体现出了公司存在的三个问题：①销售人员口头上整天说要做好客户服务，为客户创造价值，实际往往还是站在自己的立场去思考，而不是站在客户的立场去理解客户需求；②销售人员过于在乎眼前的利益，还没有做到心甘情愿地、主动地去善待客户，也还没有意识到和客户建立长期的信赖关系比短期利益更重要；③公司要做到及时响应每个客户的需求，需要建立一套机制和流程，而不是靠老板亲自干预，通过应急手段才能解决问题。

其实，要想从根本上解决问题，让销售人员成为令客户尊重的好员工，需要做好销售人员的基本训练，让他们成为在客户看来专业、职业、敬业的典范，把"利他"二字融入血液里。

所谓专业，就是要有两把刷子，有一些绝活，能拿得出门。举个例子，你去星级酒店用餐，点了一瓶红葡萄酒，服务员给你斟酒的时候是有先后顺序和标准动作的，比如先醒酒，然后试喝，最后才是正式斟酒。标准动作就是把一块白餐巾绑在酒瓶上，一只手拿酒，另一只手放在背后，斟酒结束时，瓶口要转一下，防止酒洒出来。当你看到某个人这样做的时候，会不会觉得他很专业？可以说，衡量专业与否的标准就是客户是否感觉舒服，是否羡慕，是否开心。看到别人说话有分寸，做事很理性，干活很麻利，结果很漂亮，每个人都会感慨"比我做得好"。员工一旦得到了客户的认同，自己必然很开心，每天下班后都会觉得心情舒畅，活得很有价值感。

所谓职业，就是不管做什么，总以业界最高的标准来要求自己，做事追求极致，给客户惊喜，让客户感叹。首先，职业的人不会因为情绪、时间紧迫的原因或者不一样的场合而降低要求，发挥不稳定，而是表现非常稳定。其次，职业还体现在守规则上，职场精英人士一定是那些遵守规则的人，他们不会破坏规则，懂得自律，给人做事很规范的印象。最后，职业的人办事靠谱，说到做到，不随便答应别人，一旦答应了，就肯定会做到。所以说，职业是一种精神，不是对别人负责，而是对自己负责。只有到达职业这个境界，你才会格外在意自己的形象，在意别人怎么看你，你的前途才会一片光明。

所谓敬业，是指一个人为人处世的态度，是一种由内而外的展现，比如脸上的笑容不应该是表面的、出于礼貌的，而应该是发自内心的。例如我经常在乘坐飞机时发现，很多空姐的笑容在她还没有转过身去的时候，就已经不见了。尽管当初她们是咬着筷子练习的，微笑的时候能露出八颗牙，但是到了工作岗位上，就容易懈怠，以致应付差事，这样做客户一定会感受到。敬业其实是对自己负责，有敬畏之心，愿意严格要求自己。比如我在开发一个新产品的时候，不管是讲义还是视频，我都会反复修改，有一点瑕疵，就重新录制，有时一个视频会录制四五次，自己才能够满意，才觉得可以拿得出门去，对得起自己。在别人看来这就是热爱自己的事业，真心实意地想把一件事情做好，就是敬业的表现。

可以说，专业、职业、敬业是对销售人员的基本要求。也许有人会觉得这三个词虚了一点，理念性的成分多了一些，接下来我们就谈谈如何去落地，如何将它们变成实际的行动。具体说来就是做好三件事：要求要明确，培训要系统，辅导要到位。

要求要明确。给每个销售人员提出明确的素质要求，让大家知道去对标，看看自己在哪些方面还存在短板和不足。具体的操作方法是，销售人员先根据素质模型（见图2-3）进行自我打分，然后跟上司讨论，达成共识，提升不足的方面。

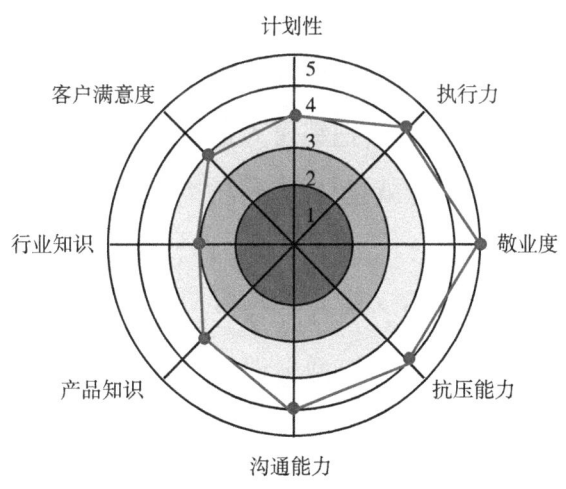

图 2-3　销售人员的素质模型

如果员工认为某一项自己在业界遥遥领先，就打 5 分；如果比很多人都强一些，就打 4 分；如果跟大多数人差不多，就打 3 分；如果比很多人都差一些，就打 2 分。这样把各个要素的得分连接起来，就形成了一张蜘蛛图，优势领域和不足之处就一目了然了。

培训要系统。销售人员要成为多面手，也就是八项全能选手，就要在计划性、执行力、敬业度、抗压能力、沟通能力、产品知识、行业知识、客户满意度方面达标。这八个要素都有相应的培训课程，通过培训让大家掌握技能，游刃有余。一个没有经过专业训练的人，很难表现出专业、职业、敬业。

辅导要到位。销售人员仅仅接受培训是远远不够的，还需要顶头上司监督实施，看看部下是否能学以致用，有没有跑偏，有没有误解，并经常提供辅导。部下遇到问题时上司要帮部下出谋划策，化解难题，手把手地教部下做事，把自己的经验通过辅导传授给部下，帮助部下成才。

利用素质模型这个工具去训练员工，就是在"因"上做文章，再经过坚持不懈的努力，就会把销售人员训练成客户心目中专业、职业、敬业的优秀人员，也就是结出想要的"果"。

> **小　结**　专业、职业、敬业是客户看得到的果，根据素质模型去训练销售人员是因，只有把因果关系搞清楚了，才能批量复制优秀的销售人员。

如何引导销售人员做到合规守法

销售人员为了拿到订单,在未经授权的情况下,给客户做出了一些"过度承诺",等到该员工离职后,客户拿着该销售人员签字的补充协议来找公司,要求公司按照补充协议条款去执行,结果给公司造成了巨大的损失。这样的问题在你们的企业中出现过吗?

有一家白酒生产企业 H 公司,销售人员的主要工作是开发白酒经销商,然后由经销商把白酒销售给终端客户。对于一家不知名的白酒企业来说,开拓经销商渠道是非常困难的,因为第一层的优质经销商已经被全国知名的白酒企业垄断了,第二层的合格经销商一般是经销本地的知名品牌,第三层往往是劣质经销商,客户资源少,市场能力弱,对终端没有掌控力。

每位销售人员都有指标,每年需要开发多少经销商,需要完成多少任务。有一名销售人员,为了让经销商签约,答应了经销商的很多无理要求,与经销商签订了补充协议,承诺如果在 6 个月的时间内,经销商的货卖不出去,经销商就可以无理由全部退货退款。经销商得到了这样的承诺,没有了任何后顾之忧,自然就签约了。

由于这名销售人员业绩不佳,达不到公司的要求,在与那家经销商签约 2 个月后就离职了。由于签约的经销商销售能力不足,导致大量库存没办法消化,又过了几个月,经销商找到公司,要求退货退款。公司说经销商没有全部退货退款的先例,这是违反公司渠道管理办法的。但是经销商拿出了那份销售人员签字的补充协议,认定这是公司行为。经销商说,如果没有这份书面承诺,他是不会成为公司经销商的。双方协商无果，经销商把公司告上了法庭，双方对簿公堂，都耗费了大量的时间和精力，最后法院判决 H 公司输了。

为什么会发生这样的问题？我们来分析一下原因：一是员工没有规则意识，没有人事先告诉他这样做会被开除，会承担法律责任；二是公司与经销商签订的合同中没有写明，所有补充协议必须加盖公司章才有效；三是公司在经销商招募和管理上存在误区，玩起了自欺欺人的把戏。当然，产品没有竞争力也是一个重要原因。这里我们重点探讨制度层面的建设，即如何通过制度设计来引导员工合规守法。

接下来我给大家讲一个我亲身经历的案例。2000 年前后，我出版了光盘《市场营销战略、竞争优势与企业的可持续发展》和图书《不战而胜》，之后就经常有人请我去讲课，做咨询。为了确保这样做没有违反公司的业务经营准则，我事先特别跟人力资源总监和中国惠普总裁提出来，希望得到他们的书面确认。当时我给了他们三个选项——支持、不反对、不允许，后来他们两人都选择了支持，毕竟我在外面讲课对惠普也是一种正面宣传，只有好处，没有坏处。

业务经营准则其实就是大家常说的职业道德规范，都包括什么呢？

一是关于利益冲突。员工不得受雇于竞争对手或其他企业，利用自己的客户关系，假公济私，代理销售其他公司的产品，也不得受雇于公司的供应商或者客户，提供内部情报给上下游企业，员工家属受雇于供应商或客户时必须向公司通报。二是关于礼尚往来。

员工在商业活动中只能接受或赠送 700 元以下的礼物，而且礼物上必须有送礼人企业的标识，作为宣传品使用。三是关于竞争对手。不能与竞争对手联合起来限价，形成价格同盟，共同对付客户，不能对竞争对手进行贬低性的评论。四是关于知识产权。不允许员工在办公室或公司配备的电脑上使用盗版软件，使用盗版软件与偷盗的性质一样。五是关于兼职工作。员工可以在业余时间从事第二职业，比如炒股、讲课、做手工、做志愿者等，但是不能占用工作时间，如果是占用周末时间，那么只能占用周六一天，周日必须休息，避免周一上班时身心疲惫。六是关于情报收集。严禁通过客户内部的商业间谍，窃取竞争对手的投标信息和未公开的产品与技术信息。七是关于禁止行贿。严禁为了拿到订单而向客户单位的相关人员行贿，包括但不限于金钱、礼物或超规格招待。八是关于利益输送。不允许销售人员利用自己手中的权力吃里爬外，向经销商、代理商输送利益，并从他们那里拿回扣。

业务经营准则的宣传贯彻什么时间做呢？第一次做宣传贯彻要在员工入职培训上，然后每年都要做一次，这样才能让每个人牢记在心，不敢胡来。而每次参加完培训之后，员工必须现场签字认可，交给人力资源部门存档。员工承诺一旦违反了其中任何一条业务经营准则，就要接受被开除的处分，这样一来，每个人都会有敬畏之心，做事谨慎，同时也减少了劳资争议和不必要的纠纷，因为丑话说在前面了，先小人，后君子，有书面文件做证。

如何做宣传贯彻最有效呢？最初的时候，我们是全体员工一起听大课，后来出现了问题，管理层拿着员工签字的业务经营准则承诺书给员工看，员工却说当初讲这一段的时候，他可能因为出去上厕所了，没有听到。即使明知这是借口，你也不好说什么，后来我们就改变了形式：每个班 15 个人，大约两个小时，培训期间不允许走开，由公司的高层管理人员负责讲授，每一条定义和要求都要跟大家说清楚。在培训中，员工可以提出各种各样的实际问题，高管人员负责解答，这样做的目的就是一定让大家清楚什么事可以做，什么事不能做，不给大家任何借口。

业务经营准则就像是悬在每个员工头上的一把达摩克利斯之剑，不违规则罢，一旦违规，这把剑就会掉下来，让违规者从此没法在圈里混，因为谁也不愿意雇用这样的人，相当于在职场上被"判了死刑"。这样一来，就形成了一种威慑力，令那些心存侥幸的人打消念头，老老实实地做人。

我再给大家讲一个真实的案例。很多年前，我们公司一位水平很高的专业技术支持人员，在出差回来报销出租车费的时候做了手脚，车票上原来的金额是 40 元，那名员工把 40 元改成了 140 元。后来那张发票被公司财务人员看出了破绽，经过与出租汽车公司核对，证明那位员工的确弄虚作假了，于是公司财务部门把这件事通报给了那名员工的上级经理，同时通报给了公司的人力资源部门。

那名员工面对自己顶头上司的质问和自己作假的证据，只好承认了，同时真诚地希望公司能给他一次改正错误的机会。他表示会用实际行动来报答公司，会加倍努力地工作，毕竟只是 100 元钱的"小问题"，与他一个月接近万元的收入相比，算不上什么。但是，这名违规员工还是被开除了，没有任何回旋的余地，尽管他的工作能力很强,少了他公司的业务会受到很大影响,但是公司无法容忍员工撒谎和作假。

　　这件事情,如果发生在你们企业,会怎么处理?很多人会认为开除有点小题大做了,不就是100元钱吗,至于受到如此严厉的处罚吗?谁没有一时糊涂的时候,只要教育一下,以后改正就是好同志。如果按照这样的逻辑去处理,那么大家可以推演一下,其他人会怎么看。那些自认为工作能力强、公司离不开他们的员工,或者自认为过去对公司有贡献的员工,就有可能以身犯险,认为反正不会受到严厉的处罚。这样一来,一定会有人不断地去突破企业的红线,挑战企业管理的底线,那么制度和规范就成了吓唬人的摆设、不通电的高压线。

> **小　结**　合规守法是一个销售人员必须做到的基本要求,用严格的制度防止员工犯错,是对大家的一种保护,否则等到出了问题,后悔就晚了。

第三章

强化训练,达标上岗

如何让零基础的销售人员掌握销售技能

公司雇了很多零基础的销售人员,他们凭感觉做业务,不具备基本的销售技能,虽然每天工作很努力,但就是不出业绩,这样的销售人员大多数最后都沦为了打杂人员,没法创造更大的价值。

老刘是我的一个学员,几年前创办了 J 公司,但公司规模一直做不大,业务主要靠他一个人跑。为了尽快把规模做大,他决定成立销售部门,最初的销售人员都是亲戚、熟人,老刘觉得这些人可以信赖,比自己到社会上招的好一些。但是这些销售人员都没有接受过任何正规的训练,更没有在规范化的公司做过销售,大家整天像没头的苍蝇一样,到处乱跑,拿着公司给他们的产品成本价、市场平均价和公司的库存货物清单就去跟客户谈,只要不低于成本价就卖,卖出去就有提成。

还有几个实在不会做业务的人,老板只好安排他们去做配送,把老板自己谈下来的客户服务好,基本上就是打杂的。这些人名义上还是销售人员,但干的却是配送员的工作,又不甘心拿配送员的薪水,于是整天抱怨,让老板左右为难。

有的客户资源,老板交给销售人员后,他们不但没有把业务做起来,反而把客户搞丢了。老板只好亲力亲为,不停地去开发新客户。老板自己忙着开发新客户,自然就没有时间辅导销售人员,但老板出钱安排销售人员去参加培训,大家又都不愿意去学,这让老板百思不得其解。

这个案例是不是很多中小企业中都普遍存在的现象?为什么这

样的问题困扰了老板这么久，却始终得不到解决？关键是没有找到病根，老板自己不知道哪里出了问题，所以无法对症下药。其实，我们只要从三个维度来解析，就很容易看清楚现象背后的原因。

首先是选人的问题。从案例中我们不难发现，老板在选人环节没有做到位，并没有意识到公司要想健康发展，需要具备专业技能的销售人员，需要花心思去找优秀的销售人才，需要花精力去培养销售人员。为了图省事，也为了照顾亲戚朋友的生计，他招了很多没有销售技能的人做销售，把公司变成了收容所。可以说，前面不愿意花几天的时间选人，后面就会痛苦几年的时间，只要你会算大账，就会明白这是赔本的买卖。

其次是规范的问题。这家公司没有明确的操作规范，既没有标准化的订货合同模板，也没有规范化的销售流程，甚至连最起码的书面协议都没有，更不用说注明违约责任问题，可见公司的经营风险有多大。公司允许销售人员不跟客户签订白纸黑字的协议就发货，本身就是严重的漏洞，看似省了时间，省了事，实则不然，一旦有争议就麻烦大了。记得10多年前，美国的一位大牌歌星来中国办演唱会，合同有上千页，令国内负责承办演唱会的单位大吃一惊，从来没有见过这样详细的合同，不就是一个晚上几个小时的演唱会吗？合同条款居然那么复杂。但是，所有的要求、所有的责任都写清楚了，就不容易出现争议，这就是先苦后甜，先慢后快。

最后是训练的问题。创业初期阶段，有一些家族成员加盟是正常的，但是不管员工来自哪里，都需要接受基本的训练。没有人可以无师自通，大家都必须接受培训，直到达标后才被允许单飞。比如，销售人员知道客户在哪里吗？客户为什么要买我们的产品？知道见到客户怎么说吗？我们的产品在哪些方面比竞争对手好？怎么回答客户的问题？客户讨价还价时怎么办？客户有特殊要求时怎么办？这些都是很基础的问题。大家想象一下，让一个没有接受过训练的士兵赤手空拳上战场，而对手都是训练有素的特种兵，这个仗怎么打？所以不要抱怨员工不能干，而要分析员工为何不能干，以及掌握了什么技能就会变得能干。

接下来我们谈谈如何赋能零基础销售人员，让大家掌握最基本的技能，至少能够达到最低要求，不至于做无谓的牺牲。先学会初级班的基本技能，再参加中级班和高级班的训练，逐步晋级。

首先，必须让"草台班子"接受培训。开始的时候，销售人员不愿意参加培训，觉得那些东西都没有用，会有抵触情绪，这是很正常的，关键是想办法破冰，引导大家积极参加培训。记得多年前，我加入中国惠普公司以后，每个月都有一次培训。开始时我也不明白参加培训有什么用，况且还有那么多工作等着自己，早晚都要去做。后来参加了几次培训以后，我就喜欢上了，为什么呢？第一，培训期间的午餐都是大餐，比起我们自己买盒饭好太多了；第二，中间休息时有茶点、水果，觉得生活水平立马提高了一个档次；第三，两天下来，自己还能拿到一份非常漂亮的证书（见图3-1），可以向别人显摆；第四，培训会场都是设在公司外面的酒店里，换个环境觉得很新鲜、很放松，慢慢地我就喜欢上培训了，甚至期盼着下一次培训的到来。

图 3-1 培训结业证书

我在这里给大家讲一个我亲身经历过的培训,让大家感受一下培训的价值。

我曾参加如何做演讲的培训,12 个人一个班(人多了不利于操练)。这个培训课一共两天,第一天上午是陈述式演讲培训,让大家掌握如何向别人介绍一件事,比如难忘的一天、自己最开心做的一件事、自己最痛苦的一件事。提前三天,每个参加培训的学员都会拿到一个问题清单,大家可以从里面选一个话题去准备素材。到了课堂上,老师先讲了陈述式演讲的三个要点,然后让大家练习。

接下来,每个学员按照要求开始讲自己的故事,工作人员拿着摄像机录下每个学员的表现,然后在大电视上回放,那是我头一次在电视上看到自己的演讲,觉得很好玩。一个学员演讲完了,先看他的录像回放,然后请演讲者自己发言,说说自己的感受,然后是其他 11 位学员给出反馈,包括好的地方、需要改进的地方,最后是老师点评。半天时间，进行了12轮训练。开始时，有人演讲时看天，有人看地，有人摸头发，有人抓衣服，小动作五花八门。老师教大家要保持眼睛与听众的沟通，讲话时按照三步走：先指着白板或屏幕，再转头看着观众，然后讲话，这样多次反复地训练，直到形成自觉的行为。

第一天下午是说服式演讲培训，让大家学会如何去说服别人，比如劝别人不抽烟、不喝酒等，也是让大家自己提前选择话题，做好准备，现场进行演练。第二天上午是辩论式演讲培训，大家事先不知道谁跟谁辩论，也不知道辩论什么话题。第二天下午是即兴发言培训，题目放在盒子里，自己抓阄，只给三分钟的时间看题目，三分钟到就上去讲。这些都是我们每个业务人员有可能面对的实际场景，所以需要通过专业训练让大家掌握要领。

销售人员每天的工作就是跟客户沟通，会不会说话，往往决定了生意的成败，所以企业一定要把销售人员训练成沟通高手，让他们具备说服力。要知道客户有很多选择，谁把客户说服了，谁就赢了。记得当初参加培训时，我的任务就是把一个杯子卖给客户，客户是销售经理扮演的，他跟我说家里有很多杯子了，现在没有需求，于是我千方百计地塑造这个杯子的价值、特色，每讲到一个价值点，客户就会给出一个积极的信号，等我在最后3分钟内把价值点都讲出来后，客户就买单了，当时急得我出了一身汗。可以说，这种实战训练非常有帮助，唯有通过严格的训练才能培养出优秀的人才。

销售工作是有标准化流程的，必须一步一步地往前推进（见图

3-2）。对于零基础的销售人员来说，销售流程培训是入门的必修课，属于初级班课程。

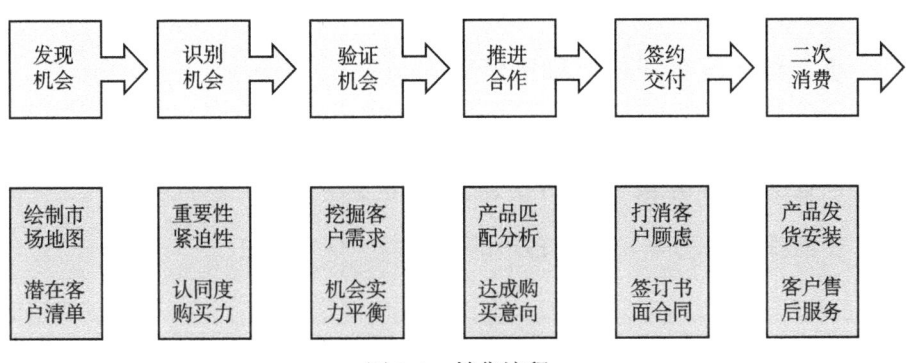

图 3-2　销售流程

只要大家按照销售流程去做，成功率就会提高。整个销售流程分成六段：发现机会、识别机会、验证机会、推进合作、签约交付、二次消费。第一，能否发现机会取决于你是否有市场地图，这就需要做好前面讲到的"扫马路"工作，知道客户在哪里，手上必须有目标客户清单。第二，能否识别机会取决于对客户的购买力分析，包括重要性、紧迫性、认同度和资金情况。重要性是指你的产品对解决客户的问题是否重要，是雪中送炭，还是锦上添花？紧迫性是指客户是否着急购买。跟客户沟通3分钟，你就要知道他是想马上购买，还是选型对比，或者是做初步的前期调研，你要做出准确的判断。第三，能否验证机会取决于机会与实力的平衡分析，也就是挖掘客户的深层次需求，掌握客户的期望值，看看是否门当户对。第四，能否推进合作取决于产品是否匹配，技术性能是否达标，能否解决客户的实际问题。第五，能否签约交付取决于商务条款、价格谈判以及各种承诺，也就是要打消客户的各种顾虑。第六，能否二次消费取决于客户使用后的感受，对售后服务是否满意，只有满意的客户才会成为回头客。

> **小　结**　没有任何基础的销售人员必须先培训，后上岗，通过专业培训让大家掌握最基本的要领，这样才能提高成功率，赢得客户的认同。

如何让销售人员掌握产品知识

销售人员有年度销售指标，为了完成指标任务，销售人员不管客户提出什么样的需求，都想先把活儿接下来，多多益善，可是一旦研发和生产部门做不出来，或者不愿意接这个活儿，销售人员就会抱怨后台部门不配合，于是找老板要说法，让老板给后台部门施压，结果销售部门与后台部门的关系搞得很紧张。

2019年年底，我的一个学员企业K公司就发生了这样一件事。客户给了销售人员一个样品，要求在限定时间内打样，销售人员满心欢喜，因为一旦打样成功，就意味着会有大批的订单，但是当销售人员把打样需求提交给技术部门审核时，双方出现了分歧。技术部门认为，客户的工艺要求太高，工序非常复杂，看着简单，做起来很难，公司目前还不具备这样的加工生产能力。可是销售人员不愿意放弃，争辩说："以前你们没有告诉过我什么样的产品可以做，什么样的产品不能做,我好不容易把样品拿回来了,你们又说不行,这生意怎么做!"

老板知道这件事后,亲自介入,要求技术部门进行攻关,并限定时间完成打样,技术部门只好硬着头皮上。但是,在打样的过程中,技术部门还是遇到了前所未有的技术难题,尝试了无数种方案,始终无法解决问题,大家急得像热锅上的蚂蚁。因为技术难度太大,几个技术骨干忙活了半个月,还是无法在规定的时间内拿出令客户满意的样品,最后不得不放弃。

这个案例折射出两个问题:一是定制类产品没有明确的边界,即公司能做什么、主推什么,销售人员并不清楚,由于销售人员对后台技术、加工工艺、生产过程不了解,产品知识匮乏,结果稀里糊涂到处找客户,不停地打样,不停地做方案,但收获甚微。二是标准化产品没有应用指南,公司有很多现成的产品,每类产品通常用在什么行业、什么市场、什么场合,销售人员并不熟悉,不能根据客户需求推荐合适的产品。

如何才能让销售人员掌握产品知识呢?下面我从动力、能力、方法论三个方面来说明。

一是动力

要想把掌握产品知识变成销售人员自觉自愿的行为,首先要给大家动力,让大家明白,掌握了产品知识对自己有什么好处,用利益驱动大家(见图3-3)。要知道,人们只喜欢做那些对自己有好处的事,没好处的事谁也不愿意干,这是人性。

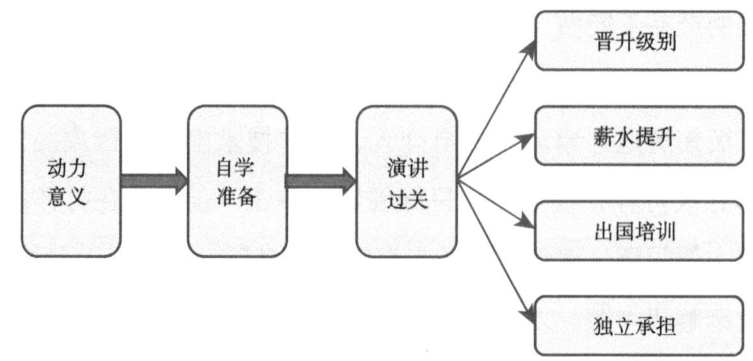

图 3-3　利益驱动的学习方法

我是 1986 年 3 月加入中国惠普公司的，当时上司告诉我，你什么时候把 20 大类的产品知识关过了，就可以从助理工程师晋升为工程师，出国参加培训，薪资水平也会有很大的提升，所以用多长时间完成产品知识通关，你自己决定。

那个时候，我的绝大多数业余时间都花在掌握产品知识上面，我用了 18 个月的时间，完成了产品知识通关。所以，思想工作很重要，管理者一定要跟每一位销售人员讲清楚，掌握了产品知识对自己有什么好处，对客户有什么帮助，这样销售人员才会加倍努力，尽快掌握所需的产品知识。

很多重视旅游的国家，会鼓励当地的警察学习多国语言，警察每掌握一门外语，就可以加一次薪，这样做形成了良性的互动。游客只要在某位警察的袖标或者胸标上看到有自己国家的国旗，就可以跟这位警察对话，这样一来，游客方便了，警察也开心了。所以不管要求员工做什么，一定要先把利益机制想清楚，让大家知道做到了对自己有什么好处，这就是动力的源泉。

二是能力

能力是在实干中掌握的技能，就像骑自行车一样，学理论是没有用的，必须真的去骑。最初的时候别人可以在后面帮忙扶着，等骑车人逐渐找到感觉就可以放手了，员工的能力也是这样培养的。所以最好给每一个新加入公司的销售人员安排一位师傅，让新手跟着师傅学习6～12个月，看看师傅是怎么做的、怎么说的，给师傅当小工。在这期间，新手负责给客户做配置、做报价，由师傅来把关，确保发给客户前准确无误。经过半年到一年的"传帮带"，新手就可以独立承担任务了。不过很多企业都不肯花这个时间训练员工，总觉得花半年到一年的时间培训销售人员太浪费了，结果就是三五年过去了，销售人员的产品知识还是不过关，经常犯错误，以致丢掉客户，丢失订单。

三是方法论

学习是有方法的，好的方法可以事半功倍。多年前，我们在惠普学习产品知识的时候，不能自己随心所欲，而是要按照要求写"八股文"。公司有明确的规范，要求大家对每个产品品类的介绍最多做7张PPT（见图3-4），核心是FABE分析法，F是产品特点（Feature），A是产品优势（Advantage），B是客户利益（Benefit），E是客户见证（Evidence）。

销售人员需要先自学，等到自我感觉差不多了，就可以申请考试，由资深销售经理、技术经理、顶头上司组成三人小组进行考核。新手介绍完产品后，考官们轮番发问，挑战新手，直到新手可以应答自如为止，不合格需要补考，只要有一门课没有过关，就不能晋升。

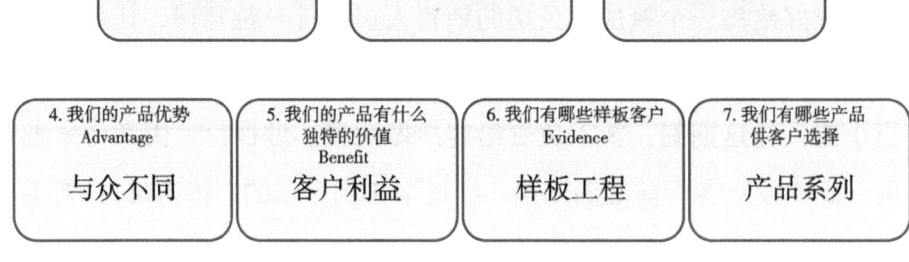

图 3-4　统一的话术

接下来我给大家详细介绍一下这套设计产品统一说辞的方法论，因为唯有方法论才可以传承，才可以掌握和复制。这是优秀企业用了几十年的、千锤百炼的一套体系，非常简单实用。

1. **我们是谁**。介绍一下公司的背景，比如公司何时成立，过去是做什么的，公司有什么追求和目标；公司的产品在行业中处于什么样的地位，比如行业老大、老二或老三，后来居上者或新进入者，一定要实事求是地向客户说清楚。如果你们是行业老大，就强调选择老大没有错，老大是大多数人的安全之选；如果你们是老二或老三，就要强调本企业更努力、更上进，比老大更积极、更配合；如果你们是后来居上者，就要讲清楚背后的逻辑，凭什么超越了那些老牌企业；如果你们是新进入者，就要说明白为何选这个时间点进入，有什么绝活儿，看到了什么未被满足的客户需求。总之，不同的市场地位，说法不同。

2.**我们的目标客户**。每个品牌、每类产品都有特定的目标客户群体,这是很多企业都没有认真思考的一个营销问题,总以为所有人都是客户,客户范围越广越好。其实不然,没有目标客户的概念,客户就无法对号入座,不会认为这个产品是给自己预备的,也就无法产生共鸣。唯有清楚地告诉客户,我们的产品是为哪些行业、哪类企业、哪类人员服务的,客户才会对号入座。当然,选择目标市场的原因也要告诉客户,即为什么选择某个行业、某类企业、某类人群作为目标客户。

3.**我们的产品特点**。介绍产品的特点,比如性能指标、应用范围以及关于产品本身的客观事实,包括是谁牵头研发的,在什么地方加工生产的,遵循什么样的标准,采用什么技术工艺,选用什么原材料,等等。让客户听了感觉踏实,相信是真材实料。

4.**我们的产品优势**。我们的产品相对于竞争对手而言,有什么优点、优势或过人之处,是性能更好还是更可靠,是更轻便还是更快捷,是更精致还是更漂亮,是更简单还是更有趣。总之,一定要有一个"更"字,表示相对的优点,是比较而言的优势。这些优点往往就是带来客户价值的基础。

5.**我们的产品有什么独特的价值**。用户之所以下定决心选择某个品牌,一定是看中了这个品牌对自己的价值。一个品牌在客户心目中必须有独特的价值,这些价值是其他品牌不具备的,比如省心、省时、省力、省钱、安全、耐用、彰显品位、有面子等,这才是定位的核心。一个品牌必须告诉客户,自己以什么著称,在哪些方面遥遥领先于竞争对手,这样才能吸引那些对独到优势感兴趣的少部分人。

6. 我们有哪些样板客户。客户凭什么相信你，这是一个绕不过去的问题，需要有成功的案例、样板工程、客户证言等来打消客户的顾虑，让客户相信你讲的话。要知道没有人愿意"第一个吃螃蟹"，也没有人会轻易地相信陌生人，当你拿出这些无可争议的证据时才能取信于人。

7. 我们有哪些产品供客户选择。如果客户有兴趣购买了，就要把公司的产品线介绍给客户，比如高档的是哪几款产品，中档的是哪几款产品，低档的是哪几款产品。就像奔驰的 S 级、E 级、C 级车一样，给客户选择权。不过介绍时最好从高端产品开始，先让客户看最好的产品，一般来说客户看了都会动心，但是很多人资金有限，可能消费不起最贵的产品，往往就会退而求其次，选择中档产品。还有一些人，连中档产品也买不起，就会考虑选择低档产品。总之，要让客户觉得总有一款适合他。

> **小　结**　销售人员只有掌握了足够的产品知识，站在客户面前才会有自信，才能从容应对各种挑战，给客户推荐恰到好处的解决方案。

如何让销售人员从"打猎"到"种田"

销售人员在辖区里四处打探消息,一听说哪里有客户在招标,他们就赶紧跑过去,拉关系、做准备、参与投标,每天都忙得团团转,但是几年下来,业绩并不好。这是很多工业品企业销售人员普遍遇到的难题。

我的一个咨询客户 L 公司,是一家装备制造业零部件生产企业,他们的产品质量不错,广泛应用于工程机械、扶梯机械、纺织机械、港口机械、物流设备、环保设备等很多领域。在做咨询之前,他们的销售团队一直是按照省来划分的,一个销售经理带着几个人负责一个省的各类客户的开发。老板非常想把企业做大做强,可是几年过去了,企业一直不温不火,始终达不到自己的期望。

经过一番市场调研和员工访谈,我发现他们的销售人员虽然接受过一定的训练,对自己的产品有一定的了解,但是对客户的使用场景、应用环境缺乏深度的理解。由于产品可应用的行业多,销售人员对每个行业的客户应用都是略知一二,但是不精通。每个省区都有很多各行各业的潜在客户分布在各个城市,行业不同,大小不一,所以各个省区的销售团队就像猎人一样,整天背着猎枪到处转悠,四处寻找商机。一旦遇到猎物就跑过去围猎,等到投标的时候才发现,居然有 10 多家竞争对手跟自己争夺一个订单,竞争异常激烈,就算最后拿到了订单,基本也是无利可图。

为什么企业会陷入如此窘迫的境地呢?这跟企业的经营模式有关,这个案例的背后存在两个深层次的问题。第一个问题是机会主义的打猎思维。完全以做生意为导向，用到人时靠前，用不到人时靠后，这种经营哲学普遍令客户反感。平常没有订单的时候，几乎没有人理客户，一旦有订单，大家就都跑来了，拼命献殷勤。等到这笔生意做完了，大家又都跑了，直到再有下一个订单的时候，大家又会蜂拥而至。这是很多工业品企业在销售模式上普遍存在的思维误区，大家不是以客户为中心，而是以订单为中心。

第二个问题是销售人员按照地域来划分地盘，而不是按照行业来划分客户，所以大家对行业客户的需求把握不准，对某个行业、某个应用的理解太肤浅，无法成为客户心目中的专家，不能在客户需要的时候出谋划策，给客户提供有技术含量的解决方案。对于消费品来说，销售人员不懂产品问题不大，因为客户懂，但是对于工业品来说，销售人员的专业知识、应用知识以及实际操作能力必须高于客户的水平，才能赢得客户的信任。

多年前，我们曾经搞了两辆用集装箱改造而成的"大篷车"，拉着我们的设备周游全国，每到一个地方就深入客户的工厂、研究所，举办技术研讨会，让客户亲自来体验、试用我们的产品，每个销售人员和市场人员都能向客户介绍产品的应用，并可以撸起袖子干活。记得有一天，一个客户拿着卫星转发器上的滤波器让我们现场做测试，没一会儿我们就测试完了，效率高，质量好，客户看了非常佩服。技术人员很兴奋地对我们说："你们可否等一会儿再走，我叫领导来看看。"不一会儿他们的领导来了，看了我们的测试过程和结果，马上同意购买，要知道那可是 20 世纪 90 年代初期，5 万美元一台的设备可是非常贵重的。

所以，要想从根本上解决问题，就需要重新设计企业的销售模式和人员配备，按照行业去划分销售团队，形成懂市场、懂客户的专业化团队。一旦明确了新的销售模式之后，去哪里找人就变得很简单了，那就是从客户行业里找人。L公司老板采纳了我的建议，就开始重新物色懂行业、懂技术的销售人员，让这样的人做销售才能赢得客户的信任。记得当时我还参与了几位核心成员的面试工作，其中有一位来自中联重科，一位来自西子奥的斯电梯，他们对行业都非常熟悉，对每年购买哪些类似产品如数家珍，根本不用你给他们做培训。但是这样的改革也遇到了阻力，省区经理强烈反弹，过去他们都是"封疆大吏"，现在按照行业来划分，他们就玩不转了，因为他们不懂专业，没有行业背景，只会打猎，无法升级为种田的人。

那么如何才能把工业品销售团队从打猎转化为种田呢？我建议大家按照下面三步进行调整。

第一步，深耕行业客户

工业品的客户是有限的，他们分布在哪里很清楚，只要花点时间认真调研，就能做出行业市场地图来，然后一个一个地去找客户进行深度沟通。比如工程机械行业，西南地区有柳工集团、玉柴集团，湖南地区有三一重工、中联重科，东南地区有龙工、厦工、晋工，华东地区有徐工集团、山东临工、雷沃重工，北方地区有抚挖重工、国机集团等。

经过一至三轮的拜访，根据客户规模、购买意向、使用偏好、竞争态势对客户进行分类。A级客户是对我们有好感的，也有购买力，需要全力以赴拿下，并争取成为样板工程。B类客户属于摇摆型，喜欢玩平衡术，谁也不想得罪，让几个厂家都求着他，好有一种高高在上的感觉，这种客户需要找准突破口，才能拿下。C级客户已经被竞争对手搞定了，属于竞争对手的地盘，短期内很难进入，只能等待时机，等到市场格局变化了，企业把A类和B类客户都拿下来了，再去争取C类客户。

第二步，转变销售人员的思维

从做订单到做客户，做订单是打猎，做客户是种田。种田人一定要有地盘意识，也就是我们常说的把自己那"一亩三分地"照顾好，只要把客户服务好了，自然会有订单。不过转变思维是非常具有挑战性的一件事，有许多销售人员已经习惯了打猎，喜欢到处跑，到处看，比较自由，没人管，他们不愿意在一个或几个客户那里深耕，所以就很难跟目标客户建立长期稳定的合作关系。

海洋王照明公司是我的一个咨询客户，他们是做工业照明产品的，有上千位销售人员，分成11个行业事业部，如煤炭、冶金、石化、铁道等。很多销售人员根本不用去公司上班，每天就是到客户那里去，给超大型客户提供一对一服务，给大中型客户提供一对多服务。销售人员几乎天天到客户单位报到，几乎成了客户单位的员工，需要换灯的时候，他们主动爬到高高的电线杆上去干活，需要做计划的时候，他们替客户写方案，客户非常开心。有一次竞争对手来拜访这个客户，客户就让海洋王照明的销售人员出面去接待，由于海洋王照明的销售人员对自己的产品和对手的产品都非常熟悉，于是针对竞争对手的弱点提出了很多尖锐的问题，并要求对方给出书面的承诺，结果竞争对手的销售人员无法招架，知趣地离开了。

第三步，理解客户内部的决策流程和决策机制

销售人员要知道客户在决策时都会考虑哪些因素，每个因素的权重是多少，这样才能理解客户的真实需求。作为销售人员，最高境界是知道客户评价和选择供应商的标准并进行分析，这样在投标前就知道自己能不能赢了（见表3-1）。而要做到这一点，销售人员就要跟客户方的决策者、购买者、施加影响者、使用者进行深度沟通，学会换位思考。当然，不同行业、不同企业可以根据企业的特点对表3-1进行适当的调整和优化。

表3-1 客户决策因素加权分析

用户关心什么	决策加权值	本企业现状得分
产品可靠性	20	8分
售后服务及时性	15	7分
产品价格合理性	15	6分
质量稳定性	15	9分
交货及时性	15	7分
样板工程	5	6分
定制灵活性	10	7分
设计增值服务	5	9分
总计	100	740分

> **小　结**　从"打猎"到"种田",对销售人员来说是非常痛苦的转变,做到了才能成为客户心目中的顾问,并从根上隔离竞争对手。

如何让销售人员成为客户的顾问

有些销售人员面对收入和社会层次比自己高很多的客户,总是感觉地位卑微,担心客户看不起自己,怕跟客户沟通,结果越是这样想就越紧张,说话办事就越容易出错,最后的结果就是恶性循环。

几年前,我给一家知名的木门企业 M 公司做咨询,走访了几家建材家具城的实体店,并与店长和销售人员一起座谈,了解市场情况,听取大家的反馈意见。有个销售人员就提出了这样一个问题,代表了很多人的心声,她说:"我们是普通的销售人员,连属于自己的房子都没有,更不要说有装修经验了,面对那些比我们富裕很多的客户提出的各种装修问题,心里总是发虚,不知道如何回答是好,甚至不敢正眼看客户,生怕客户提出什么刁难的问题自己回答不了,非常自卑。"

于是,我就问大家:"你们知道成功人士多长时间会装修一次房子吗?"他们都答不上来,我告诉他们在过去这 20 年的高速发展阶段,成功人士换房装修的频率一般是 6~8 年。也就是说业主每 6~8 年装修一次,而上一次装修的经验,到了下一次装修时就基本上都忘了。可是销售人员每个月接触多少业主呢？正常情况下是每月 6~8 个客户。所以，谁应当更了解装修？谁应当更了解客户？肯定是销售人员。就像麦当劳给员工培训时讲的一个理念，"我们是最了解客户的，客户只了解他们自己，但是我们每天接触成千上万的客户，所以我们理所应当比任何一个客户都更了解客户"。

然后，我要求陪同我一起做访谈的销售副总找一家设计公司，设计一个非常漂亮的胸牌，档次要远远高于其他公司的水平，让人看了眼前一亮，让销售人员愿意佩戴，有自豪感。胸牌上写着"装修顾问"四个字，客户看了肯定好奇，因为其他公司的销售人员胸牌上写的都是"导购员"，唯有 M 公司的销售人员胸牌上写的是"装修顾问"。想一想，你是愿意跟导购员沟通，还是愿意跟装修顾问沟通？答案很显然。这样一来，至少从表面上解决了销售人员不自信的问题，让他们不再低三下四，不再诚惶诚恐，而是以装修顾问自居。

当然，仅仅佩戴上"装修顾问"的胸牌还不够，还必须有真才实学，对得起这块胸牌。我要求大家每周至少一次到客户安装现场去学习，毕竟建材家具城只有周末人多，平常人很少，大家可以轮流到业主那里去。这样既可以让业主感受到销售人员认真负责，又能让销售人员借此机会了解安装过程、施工工艺，知道前道工序和后道工序，明白木门与各种墙面如何衔接，哪个环节容易出问题，等等。如果客户刚好在场，就要抓住机会跟客户沟通，做市场调研。比如，客户是从哪里听说 M 公司的，当初还看上了哪一家，是在哪几个品牌之间做对比，最后为何选择了 M 公司，客户最看重的是哪三个方面的优势,等等。这样一来,用不了三个月,销售人员就会成为木门选择方面的专家,深知客户的心理和决策要素,对装修的理解远远超过其他品牌的导购员,就能达到顾问的水平。

　　为了防止销售人员自作主张、随心所欲地发挥,经过一段时间的调研,我们总结归纳出了一套标准化的沟通剧本(见表3-2)。

表 3-2　按照剧本沟通

卖方	买方
您好,进来看看吧!来这里堵车吗?离这里不远吧?	还行吧,用了××分钟
您住在哪个小区?	××小区
哇,那可是高档社区,我们有×个客户也是您这个小区的	是吗?
我们一辈子也买不起那里的房子,您一定是成功人士……	(笑)哪里哪里,算不上成功人士
您的房子已经开始装修了吗?	A. 还没有;B. 刚开始;C. 已经装得差不多了……
您对木门非常了解吗?	说不上很了解,但是基本心里有数
嗯,那您来看看这三扇门,能看出它们有什么区别吗?	(看了一会)看不出来
那您看看这里(指着切角),看出区别了吗?	这样啊?你不说我还真不懂
其实,装修是一件既快乐又痛苦的事,是不是?	可不是吗,真的很伤脑筋,太多小事,一点也不能马虎
是啊,一不小心,业主就忽略了一些关键问题,甚至被人骗了	是啊,太多猫腻了,防不胜防
所以您要提前做好准备,免得考虑不周	道理是对的,可是我怎么能知道都要注意哪些点?
您装修上一套房子是什么时候?	(想了一会儿)大概×年前
所以啊,很多事您肯定都忘了,我们整天接触装修的业主,了解的各种情况比较多	那你了解装修中有哪些要注意的吗?

（续）

卖方	买方
90%吧，我来问您几个问题，看看您事先想过吗？一……	你别说，这个问题还真没想过
嗯，我再问您第二个问题：二……（开始看手册）	（探头看看）你这是本什么书啊？
这不是一本书，是我们公司做的一本装修手册《装修那点事》	能给我一本吗？
可以啊，您成为我们的客户后就会送您一本	这样啊！
这是与10位资深工长、20多位刚装修完的业主沟通后总结出来的	看来你们还挺用心的
是啊，这年头不同企业的产品质量差不了太多，关键看服务	也对，省心、省事很重要
是啊，装修要考虑的方方面面特别多，没有几个业主能考虑得周全	是啊，那可怎么办？
别急，《装修那点事》上介绍了40多个注意点	我成为你们的客户后就能得到了？
嗯，如果您能躲开这些"坑"，并考虑周全，至少可以节省5万元	太好了，让我少操点心、考虑全面些，今天算是来对了
您的房子属于××，所以建议您选择××系列，符合您的身份	好的，听你的，不过我选了这么多，是否能打折？
哈哈，我帮您至少省了5万元，您就别跟我再砍价了，是吧？	好吧，好吧，不跟你砍价了，不过产品质量和安装质量要好
那是一定的，我们公司就是靠这两点生存并领先于对手的	嗯，你真是一个出色的销售人员

这个剧本基于销售人员的实战经验，源于生活，高于生活，把销售人员如何与进店客户打招呼，接着聊什么，每一步都写得很清楚，销售人员只要像演员一样按照剧本多表演几次，就能轻车熟路，给客户留下很专业的印象，自然能配得上"装修顾问"四个字，让客户刮目相看。这些都是销售人员需要具备的专业技能。

接下来，我建议他们制作一份小册子《装修那点事》，按照时间顺序，讲一讲装修过程中最容易出问题的环节，存在哪些看不见的"坑"，以及有哪些不可告人的潜规则等。销售人员跟客户沟通时，可以不时抛出其中一个话题，问客户是否想过这个问题，客户往往会一愣——还真没有想过；再问一个问题，客户往往就傻眼了，认识到装修的水确实很深；通常用不着问第三个问题，客户就心服了。

接着销售人员可以给客户算一笔账，即每一个"坑"可能会导致什么问题，带来多大的损失，如果返工，会延长多长时间，把损失讲清楚。想一想，你愿意掉到坑里去吗？你愿意浪费时间，浪费钱吗？肯定不愿意。所以客户一般会提出想要一本《装修那点事》小册子。这时候，主动权就到销售人员手上了，他可以告诉客户，这些小册子仅供客户使用，如果客户选择 M 公司，马上就会得到一本，并提醒客户，提前注意这些问题，至少可以避免几万元的损失。在这种情况下，客户还会跟你讨价还价吗？肯定不好意思，因为你帮他省了那么多钱，他一定会感激你，这才是顾问的价值所在。

那么《装修那点事》具体怎么制作呢？我建议找五位刚刚入住的新业主、五位经验丰富的工长，分别与他们进行一对一的深度访谈，每人谈 2 ~ 3 小时，了解业主装修完成后最后悔的一件事是什么，最遗憾的一件事是什么，以及如果重新来过，业主认为在哪些方面可以做得更好。这就是做事的具体方法。就以我自己为例吧，5 年前我装修的时候，自己也不知道入住后会发生什么问题，等到入住了才发现这个小区蚊子特别多，装了纱门也不管用，只要一开纱门，蚊子就进来了，很烦恼。后来我想了一个办法，在门口安装了一台风幕机，用强劲的风形成一个门帘，进出门的时候先打开风幕机，阻止蚊子进来。但风幕机买来后，我发现门外面没有电源开关，只好重新剔槽，在室外安装电源插座，差不多用了一个星期的时间才装好，弄得家里很脏，很无奈，毕竟已经入住了，所以后悔当初没有想到这个问题。

还有一件事，装修时我并不了解新风系统，不知道哪个品牌好，哪个适合我们，只能看哪家产品贵，哪家店面好，哪家销售人员会说，结果就选择了一家国际知名品牌的新风系统，号称"世界第一"。可是入住后发现，用了这套新风系统后，PM2.5却始终在50上下，没法再降低了，我就向厂家咨询，结果他们说PM2.5能达到50左右已经不错了，不能要求太高。后来我遇到国内一家新风系统企业，承诺可以把PM2.5控制在个位数，我先买了一台试试，效果果然不错，后来我一共买了四台机器，PM2.5始终控制在10以下，有时候甚至可以达到0。这样一来，原来那套花了12万元的新风系统只能闲置了。作为消费者，我不可能成为各个产品领域的专家，也不具备那么精深的专业知识，所以有赖于装修公司帮忙把关，提供建议。在我看来，装修公司的人员理所应当知道不同产品的优缺点，并可以根据客户的需求给出最佳方案，成为客户心目中的顾问。

设计《装修那点事》的时候，为何要先采访刚装修完的业主呢？因为他们刚刚入住，各种问题集中爆发，正处于烦恼期，这时候他们需要发泄一下不满，总结一下经验，只要有人聆听就好。为何又要采访工长呢？因为工长整天待在工地上，见识过各种各样的业主，也了解装修过程中经常出现的各种问题，以及哪些客户因为什么原因而返工。他们是最了解装修的一批人,只要把这两类人的意见记录下来,整理出来,就会形成一本权威的小册子《装修那点事》——一个便于大家日常使用的工具。

> **小　结**　要想让销售人员成为客户心目中的顾问,需要先培养他们的自信,让他们具备做好本职工作所需要的专业技能,然后教给他们做事的方法(话术),最后给他们提高效率和质量的工具(小册子)。

第四章

设定目标,激发斗志

如何合理地设定销售指标

公司给每个销售人员都设定了年度销售指标，也给出了配套的激励方案，以为销售人员一定会好好干，但是每月、每季、每年的结果总是令人失望。销售人员完不成指标，老板和高管无计可施，这是很多企业都感到困惑的问题。

N公司是一家刚起步的培训机构，老板很大方，很有事业心，把公司的前景讲得很有诱惑力，吸引了一大批年轻人加盟，仅销售部门就有20人。销售人员按照客户类型、行业属性和区域划分好了地盘。公司组织授课老师给销售人员做了几次产品培训，同时也准备了与客户沟通用的话术及其他销售工具。无论是销售总监还是销售人员，从表面上看，工作态度都很好，很守规矩，每天按时上下班，挑不出什么毛病，可就是不出业绩。

三个月过去了，没有任何业绩，大家开始着急，于是公司加大培训力度，经常开会讨论，但是每次开会大家都是谈困难，不是产品问题就是客户认知问题，不是价格问题就是公司知名度问题。总之，有100个理由来证明，大家做不出业绩来是很正常的。老板人很好，觉得大家说的有道理，所以想再多给大家一些时间，让大家慢慢适应环境，稳步推进。但是半年过去了，还是没有任何业绩，老板不知道哪里出了问题，大家都很迷茫。最令人吃惊的是，一个可怕的氛围出现了，大家都很坦然地面对这种业绩为零的局面，因为所有人都没有业绩，所以谁也不害羞。

心理学上有一个现象叫"破窗效应"：一旦窗户上有一块玻璃

坏了没有及时修，其他玻璃很快就会被打碎。别人会做，自己不会做，会有愧疚感；别人不会做，自己也不会做，就觉得很正常。这种尴尬的局面持续了8个多月，消耗了100多万元的直接费用，却只带来了30多万元的业绩和5万元左右的利润，而有限的几个客户还是老板和授课老师介绍过来的，销售人员基本上没有带来任何新客户。等到公司实在支撑不下去不得不裁员的时候，麻烦来了，因为事先没有白纸黑字的约定，没有说好完不成任务会有什么处罚，所以有人开始闹事，过去看似很温顺的人一下子就翻脸了，令老板很头疼。

　　这个案例说明了什么问题呢？第一个问题是进入了管理哲学层面的误区，老板和高管只看重结果，不看重过程，这是大多数中小企业普遍存在的问题。老板和高管都推崇《请给我结果》《没有任何借口》《执行力》之类的书，请激励大师给销售人员做培训、打鸡血，希望大家可以全力以赴。布置任务时，老板慷慨激昂，把目标定得很高，把前景描绘得很好，告诉大家只要完成任务就会得到什么奖励；员工则信誓旦旦，向领导承诺，保证完成任务，请领导放心。誓师大会开得很热闹，大家喝酒庆祝，豪言壮语，但是理想很丰满，现实很骨感。

　　第二个问题是没有将销售指标进行分解，仅仅给销售人员定指标、派任务不行，还要有完成任务的路径规划和依据。比如一个销售人员的年度目标是300万元营业额，那么分解到每个月，就是20多万元，分解到每周，就是6万元左右。如果一个客户带来3万元左右的业绩，那么每周成交两个客户就能完成任务。如何才能每周成交两个客户呢？按照以往的经验，如果是 20% 的成功率，那么要想每周成交两个客户，至少要拜访 10 个客户；如果是 10% 的成功率，要想每周成交两个客户，至少要拜访 20 个客户。如果每天见 5 个客户，上午 2 个，下午 3 个，就很容易操作，也很容易检查。如果能这样分解目标，销售人员就知道该怎么做了，遗憾的是绝大多数企业都不这样做。

第三个问题是销售目标及配套的激励机制不合理。N 公司的销售人员即使什么都不干，零业绩，每个月照样拿到不错的薪水，等着老板描绘的那个美好未来实现，公司上市成功，大家一起分享胜利的果实。经过一番访谈和调研才发现，是 N 公司的激励制度不合理，销售人员自己辛苦开发的新客户佣金过低。费了很大的力气，开发出来一个新客户，就拿那么一点提成，大家觉得不值得，还不如不做。而跟踪一些老客户或者别人介绍过来的新客户就会非常省心，既然佣金一样多，何必去开发新客户？要知道每个人其实都很会算账，都知道如何计算投入产出，只要激励制度不合理，就会导致大家不努力。

那么，如何才能有效地解决这些问题呢？需要在以下三个方面改进。

1. 推动销售漏斗的使用。 让每个销售人员把自己接触过的潜在客户放到销售漏斗里，每周与上司进行一次沟通，检查每一个潜在客户的进展。如果一周拜访 20 个潜在客户，一个月下来就是 80 个潜在客户，三个月下来就是 240 个潜在客户，按照 10% 的转化率计算，就是 24 个客户。这样，一年下来就是 100 个客户左右，如果每个客户带来 3 万元的业绩，全年就是 300 万元，就能完成销售任务。所以，销售人员的日常工作就是把漏斗的上面填满，然后再进行有效的过滤和筛选，促成更高的转化率。如果把转化率提高到 15%，就能完成 450 万元的业绩，就可以拿到一大笔佣金，进入良性循环。开始时大家也许会有抵触心理，不愿意做销售漏斗，嫌麻烦，但只要老板坚持，每周检查，大家就会慢慢适应。只要大家认真使用销售漏斗，销售业绩就会大增，而一旦大家尝到了甜头，赚到了钱，就会逐渐爱上销售漏斗。

2. **强化销售过程管控**。要求每个销售人员必须按照标准流程去做事。所谓过程管控，就是把一个人每天、每周、每月做什么变成行为指标、任务指标，并且必须是可执行的、具体的。比如每天拜访 5 位客户，上午 2 位，下午 3 位，就很容易执行，也很容易判断和衡量。除了数量指标，还要有质量指标，比如客户拜访中存在什么问题，哪些方面搞不定，需要每周跟进检查，不断总结经验，采取纠偏措施，直到销售人员找到规律，形成自己的模式为止。图 4-1、图 4-2 就是与客户面对面沟通指南。通过过程管控，可以发现销售人员的短板是什么，是思维方式的问题还是说话分寸的问题，是做事严谨的问题还是工作技能的问题，然后根据每个人的短板采取相应的措施，帮助销售人员调整自己的行为。我反复强调这样一个理念——"只要过程正确，结果必然正确"，这是大多数优秀企业普遍信奉的管理哲学。好企业过程管控一定做得好。

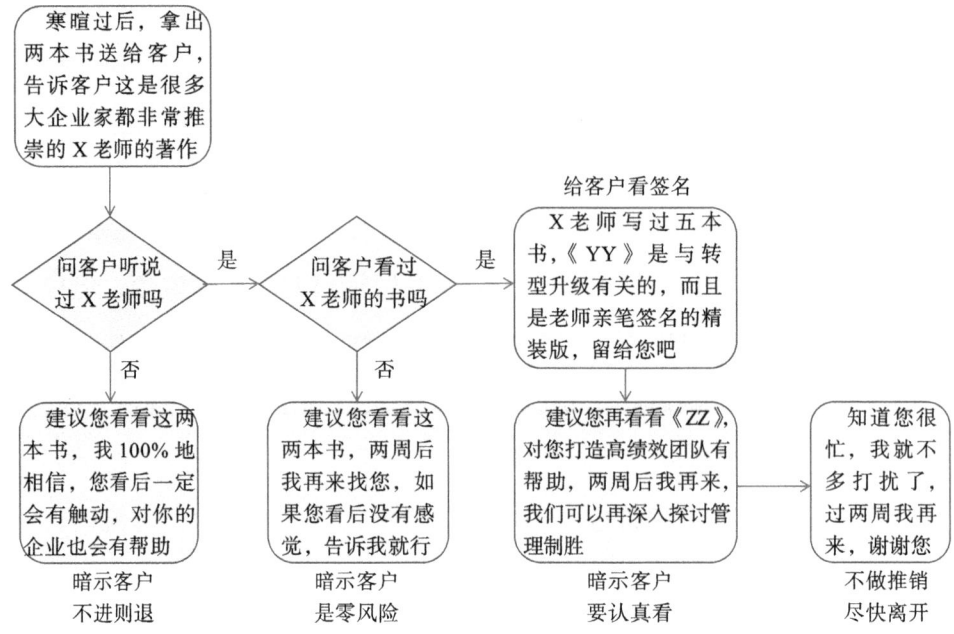

图 4-1　与客户面对面沟通指南（一）

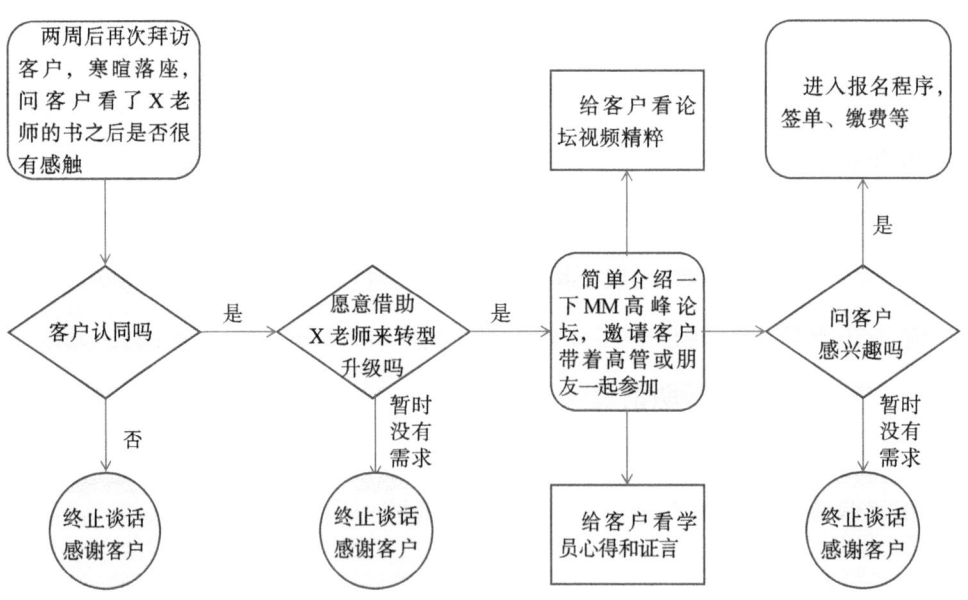

图 4-2　与客户面对面沟通指南（二）

3. 设置基本目标和拔高目标。基本目标不能设得太高，要确保 80% 的销售人员只要认真负责，按照要求去做，就能达成目标。但是很多企业的基本目标都设得太高，令 80% 的销售人员都完不成任务。令人费解的是，员工完不成任务居然还能拿到奖金，这是什么信号？奖金本来是用来鼓励大家超额完成任务的，如果完不成任务也能拿到奖金，那就意味着公司鼓励大家完不成任务。当然，仅仅有一个相对安全的基本目标是不行的，还必须有一个拔高目标，能凝聚大家的共识，激发大家的干劲。作为老板和高管，年初就要跟大家讲清楚，拔高目标实现了，大家能得到什么好处。我们当年就是靠实现拔高目标，全体员工每年旅游一次，一起去桂林、杭州、厦门、丽江、三亚等地方，所以大家都有动力好好干，还能互相监督。

> **小　结**　销售人员工作目标的设定，既要有结果指标，还要有过程管控，既要有基本目标，还要有拔高目标，这样才能激发销售团队的热情，让大家按照规定动作去做事。

如何做好销售预测

销售人员为了赢得客户，千方百计地讨好客户，跟客户承诺：可以让公司提前备料，以确保客户下单后，可以在规定的时间内给客户发货。可是，最后客户却没有下单，公司备的料也浪费了，这种情况在你的企业出现过吗？

我的一个咨询客户 O 公司是做涂料的，他们公司就出现过这样一个问题。2016 年 12 月，四川区域有一个销售人员开始跟进一个高端住宅项目，该项目所需要的涂料属于公司的高端产品，因为原材料价格比较昂贵，所以公司只有小批量的应急库存。2017 年 4 月中旬，公司做的小样板和现场样板均通过了甲方的审核，小样板在甲方进行了封存，但是销售人员并没有与甲方签订正式合同。

其实，O 公司每个月的 25 日都要求大家做好下个月的销售预测，为了达到公司的考核要求，这个项目就毫无悬念地被销售人员写进了销售预测表，同时这个销售人员还通过上级经理与后台工厂做了沟通、报备。由于项目体量大、产品价值高，工厂肯定不敢怠慢，于是备了 50 万元左右的原材料。

2017 年 5 月上旬，销售人员与甲方签订了正式合同，但是合同上注明需要甲方设计部、成本部、招采部综合审批，才能确定采购该产品。当销售合同提交到甲方成本部的时候，这份销售合同居然被否了，理由是，销售合同的总价超出了项目前期的成本预算，原来的高端产品系列需要调整为较为低端的产品系列。

这样一来，麻烦就大了，销售人员的销售预测不准给公司造成了 50 万元左右的原材料损失，再加上包装、运输、存储等成本，这个看似不起眼的错误给公司造成的损失高达 70 多万元。由此可见，销售预测对一家公司的重要性。那么问题到底出在哪里呢？我们不妨来分析一下。

第一，销售预测不应该由销售指标推动，从案例中可以看到，销售人员是为了达到公司的销售指标而把未达标的客户和项目随意放进销售预测表里。

第二，没有人进行节点把控，没有人进行检查核实，从而导致各个职能部门做出了错误的判断。

第三，不了解客户内部的决策流程、参与者、整体预算和期望值，仅仅打通了一个部门，而没有打通其他相关部门。

第四，采购部门没有健全的原材料采购机制，没有安全库存管理制度，听到风就是雨，在没有得到书面承诺的情况下就采购了原材料，说明内部管控机制失灵。

那么，如何才能做好销售预测，让销售预测成为帮助销售人员提升业绩的有力武器呢？下面从两个维度来论述销售预测。

我们通常把销售预测分为两大类，即宏观分析预测和微观分析预测。

宏观分析预测由市场部门负责，是针对某一类产品的年度消费总量进行定量分析，包括本企业过去一年按月计算的实际销量、主要竞争对手按月计算的实际销量，从而绘制出市场泄漏图（见图 4-3）。

有了市场泄漏图，我们就能对市场总量与市场份额有一个客观的认知，知道有多少潜在客户，再参照经济成长率预估（比如现在是 +6%）、本行业成长率预估（比如电子商务是 +27%），以及季节因素按照月份进行加权（比如 2 月份有春节假期，大多数行业的销量都是正常月份的一半以下）。

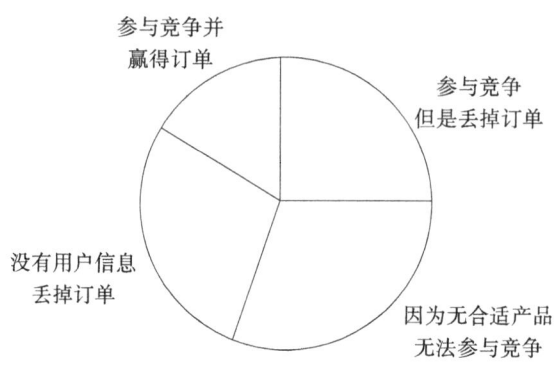

图 4-3　市场泄漏图

微观分析预测则是由销售部门负责,由公司的销售总监或销售经理来完成按月计算的销售预测,先确定公司的典型大客户、中客户、小客户通常一年各买多少,分别计算出中位数。这三个中位数,必须有真实的数据做支撑,所有销售人员必须能认同。然后,每个销售人员盘点自己的地盘,看看自己负责的区域分别有多少大客户、中客户、小客户,制作客户分类表(见表 4-1)。

表 4-1　客户分类表

	年购买额中位数	客户数量	销售额合计
大客户	200 万元	200 个	4 亿元
中客户	50 万元	2000 个	10 亿元
小客户	20 万元	3000 个	6 亿元

这样,每个人都能计算出在自己负责的地盘上最大销售额是多少,本企业希望占有多大的份额,年度销售目标也就出来了。

有了自下而上的销售目标,再配合销售漏斗,就能对每个人的月度销售情况做出预测。销售人员把所负责区域的客户和潜在客户放到漏斗里，根据每一个客户的情况，标注本月客户采购量以及本企业的预计成功率，成功率按照25%、50%、75%来计算。假如下个月A客户的预计采购量是100万元，目前在漏斗里的位置是25%，那么这个客户的销售预测就是25万元。假如下个月B客户的预计采购量是50万元，目前在漏斗里的位置是75%，那么这个客户的销售预测就是37.5万元。以此类推，把某个销售人员的所有客户预测加起来，就是他的月度销售预测。

不过，每个客户、每个潜在客户目前处于漏斗的哪个位置，不是销售人员自己随便填写的，必须严格按照要求去填写，由销售经理每周检查一次。上司与销售人员沟通时，要核实每个客户的成功率，销售人员必须拿出证据、讲出道理才行，这样才能确保销售预测的准确性。千万不能销售人员说什么，上司就相信什么。其实，这里强调的还是过程管控，销售经理做工作必须细致、认真，每周检查一次每个销售人员的销售漏斗，一个客户、一个客户地确认，按照销售漏斗下沉的检查规范进行核实，看看每一项工作是否都做到位了，如果没有做到位，就需要提醒销售人员尽快改进。

一般说来，每个销售人员的月度销售预测误差在30%左右，不能要求太高，毕竟客户关系不都是5分，客户的订单也不一定准时，存在一定的不确定性。但是一个销售区域如果是6～8个销售人员的话，该区域的销售预测误差就会降低到15%左右，因为有人比预测的高了，有人比预测的低了，统计规律开始显现出来。而把所有区域都加起来的话，全国的销售预测误差就能控制在5%左右，这样的销售预测精度已经很不错了。

要想避免案例中出现的问题，我们还要做一件事，那就是客户信誉度评价（见表4-2），即参照以前的交易记录、付款记录，以及客户单位的经营状况、利润水平、人员流失等要素，进行综合考评，把公司所有的客户按照信誉度进行打分。有了这样一个打分结果，今后做判断就简单了，这是一项一劳永逸的工作。对于工业品企业客户来说，一般是长期性的业务往来，不是一锤子买卖，值得花时间做好这项基础工作。

销售预测还有一个价值，那就是帮助销售人员提前锁定订单，尽早得到客户的承诺。比如有些产品交货期比较长，一般是客户下单后才开始准备物料、安排生产，这样一来交货期就比较长，客户等不及。但是客户不给出承诺，公司又不能随便准备物料，所以要做成交易，公司需要做出一些妥协。如果客户认可了公司的产品，公司就要提前做出决定，及早启动供应链，开始准备物料，但这种做法仅适用于大订单，以及信誉度达到4分和5分的优质客户或铁杆客户，两者必须同时满足才行。当然，如果公司的产品没有任何独到之处，属于同质化产品，客户的选择余地很大，公司就只能迎合客户，靠加班加点，或者靠提高采购成本和生产成本来保证交货期。

表4-2 客户信誉度评价

5分信誉客户	说话算数、关系非常好、从不食言的铁杆客户
4分信誉客户	说到做到、注重信誉、按时履约的优质客户
3分信誉客户	偶尔出问题，但是基本上可以信任的普通客户
2分信誉客户	有过不良记录、出现过问题、需要警惕的客户
1分信誉客户	经常毁约、说话不靠谱、需要远离的劣质客户

> **小　结**　销售预测是衡量销售人员市场掌控力的一项重要指标，也是公司后台部门精细化管理的前提条件。有了销售预测，采购部门知道何时备料，确保安全库存，生产部门可以做好产能规划，安排好生产人员，确保按时交货。

如何激发销售人员的主人翁精神

　　P 公司是一家做工程施工服务的企业，跟客户签订合同时客户明确规定钢管要刷成浅灰色，但是现场施工人员却将钢管刷成了孔雀蓝色，客户一看就急了，这不是胡闹吗？合同上白纸黑字都写得清清楚楚，怎么还搞成这个样子？这不仅影响了 P 公司的信誉，还使其赔了一大笔钱。

　　这是不久前发生在 P 公司的真实案例。销售人员接到客户询盘后，根据客户的要求，做了一个初步的方案，包括示意图和初步的报价，然后就发给客户了。客户看了以后基本认同，就让他们做详细的方案，然后在没有签订任何书面协议的情况下，销售人员就让公司技术部门花了很多时间做了详细的方案，然后拿着方案跟客户进行谈判。

　　客户看到方案后，基本认同，就是觉得价格偏高，要求他们降价，经过几个回合的谈判，价格一降再降，P公司越来越被动。放弃吧，不舍得，销售人员带着技术人员跨省区到客户现场考察、测量、做方案，已经费了不少精力；不放弃吧，这个项目已经接近盈亏平衡点，企业无利可图。销售人员为了拿下这个订单，自作聪明地想出了一个办法，按照客户认同的方案和价格先把协议签了，然后在施工阶段偷工减料，降低成本，以为这样做人不知，鬼不觉。

书面协议签订后，P公司开始做详细的施工方案，为了不让客户知道材料的变更，计算出实际成本，他们刻意在施工方案上做模糊处理，既没有写清楚颜色，也没有注明每种材料的规格，为自己留下玩猫腻的空间。销售人员把施工方案发给客户后，并没有提醒客户查看邮件，也没有确认，而是通过微信跟客户商定了进场施工的时间，以为这样做可以推卸责任，是对方没看邮件，而不是自己的责任。客户一直以为还是按照原来的方案施工，只是价格降低了，就没有说什么，同意施工。

偷工减料这一招并不好使，施工现场出现了钢管变形甚至断裂等一系列严重的质量问题，客户一看完全不能接受，要求他们按照最初的方案去整改。最离谱的是，合同上明明注明是浅灰色的，结果施工队却刷成了孔雀蓝色的。为什么呢？因为施工队只是按照图纸去施工，按照给的涂料去刷漆，他们手上并没有给客户的那份方案，几个环节都出现了问题，最后的结果就是不得不返工重做，既耽误了时间，又付出了额外的成本，还让客户非常不满，影响了公司的信誉。

这个案例看起来很简单，背后的原因却很复杂，我用了几个小时的时间跟 P 公司的老板以及核心成员核实中间的过程和细节。那么这个案例背后的原因到底是什么呢，为什么企业会出现这种小儿科的问题？从这个案例不难看出，这家企业存在三个明显的问题。

一是在没有得到客户书面承诺的情况下，销售人员就调动公司的技术团队开始做方案，加班加点满足客户的时间要求，基本上是对客户有求必应，属于典型的乞求型销售（见图 4-4），生怕订单丢了。

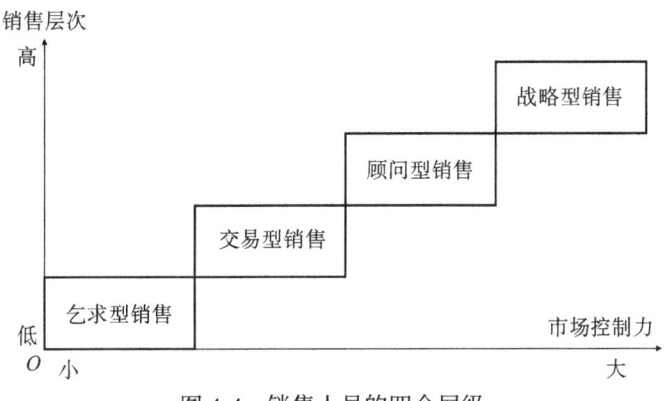

图 4-4　销售人员的四个层级

二是销售人员不负责任，为了拿到订单而不择手段，欺骗客户，欺骗公司，抱着侥幸心理去做事，希望能蒙混过关，才导致了重大质量问题的出现。

三是沟通不畅，该项目在整个过程中都没有工作流程，没有节点管控，没有确认机制。方案修改了，老板没有签字，客户也没有签字，销售人员自己就做主定了。施工图出来后，老板没有签字，客户没有签字，施工队也没有签字，大家都是按照自己的理解想当然地去做事。

在供大于求的买方市场上，很多企业都容易陷入乞求型销售的窘境，这是最低级的销售方式，也是最痛苦的销售方式。

很多企业都给销售人员灌输这样一个理念：客户是上帝，要千方百计地去讨好客户、迁就客户。这其实是违背市场经济规律的错误理念。要知道，客户并不是上帝，而是平等的合作伙伴。市场经济讲究的是利益的平等交换，所以企业一定要在心理上与客户平等，在价值上进行交换。因此企业要把关注点放在打造有独到价值的产品和服务上，而不是一味地迎合客户。

怎么办？出路在哪里？以下从三个维度来进行说明。

第一，企业要想尽快做大做强，从一开始就要坚持走顾问型销售的道路，让每个销售人员成为专业化的销售人才，成为受客户尊敬的顾问。做到这一点其实并不难，关键是老板要认同，坚持不走乞求型销售的道路。有些人认为，中小企业没有实力、没有技术、没有人才，就只能求着客户，其实不然，不是企业做大了才能走顾问型销售的道路，而是走顾问型销售的道路，企业才会做大，千万不要把因果关系搞反了。要知道，今天市场上成功的所有大企业都是从小企业发展起来的。

第二，工程服务类企业一定要强化流程管控，把整个项目的计划做出来，用项目管理的方法论来监督执行，每一步都要有节点管控，谁起草、谁审核、谁批准，需要严格执行，相关人员一定要在表单、文件、方案上签字。其实，互联网时代的沟通已经变得越来越简单了，每到一个节点，当事人都可以拍照或录像，然后上传、请对方确认，做到万无一失。千万不要试图口头约定，更不要试图蒙混过关，"出来混，迟早要还的"，大家一定要有敬畏之心。

第三，企业要尊重人性，尊重规律，激发员工的主人翁精神，让员工积极主动地为客户着想，为企业着想。

我给大家讲一个快递公司的故事，相信会给大家一些启发。国外有一家快递公司，口号是"安全可靠，准时送达"。有一天，一个快递员开着车去送货，路上遇到山体滑坡，道路被阻断了，这个时候离承诺客户的到货时间只剩下几个小时，而道路在几个小时内肯定修不好，怎么办？送货的快递人员就自作主张，叫了一架直升机，在规定的时间内把包裹送到了客户手上。这个包裹的快递费仅十几美元，可是叫直升机却花了1500美元，你认为他做的是赔本的买卖吗？

显然不是。公司提倡的理念是不是融入了员工的血液中，不是看员工是否每天喊口号，而是看他们怎么做事，遇到问题是自主按照公司的宗旨、目标、原则去做，还是遇到问题就请示上司，让上司决定。要知道，企业文化不是用来装门面的，而是要根植于每个员工的内心深处，并要切实落实到行动上。你可能会说，山体滑坡属于不可抗因素，跟客户解释一下，客户肯定可以理解，何必要花那么多钱去叫直升机呢？

这就是企业文化是否深入人心的问题了，如果公司提倡"安全可靠，准时送达"，那么所有的商业活动都要围绕这个主题，才能形成品牌定位。如果每个员工都认同这个理念，就会坚持使命必达；如果员工不认同这个理念，就会找N个理由去解释。这就是区别。你觉得这家公司这样做亏了吗？答案是赚了，而且是赚大了，因为只花了 1500 美元，却换来了花 150 万美元都难以达到的广告效果。因为这个故事被媒体披露后，在社会上广泛传播，对公司的品牌形象有很大的提升，业务也就纷至沓来。

> **小　结**　公司要想做大做强，首先要有为客户创造价值的初心、有独到价值的产品，再就是要有能激发员工主人翁精神的管理体系——把员工的个人利益与公司的集体利益挂钩，员工才会本能地为客户着想，积极主动地解决问题，而不是先乞求客户，再糊弄客户。

如何提升销售团队的战斗力

公司来自老客户的业务每年都增长 20%，生意很稳定，销售人员一直感觉不错，直到有一天老板去拜访老客户高层时才发现，该客户的体量已经比当初大了 10 多倍，而本公司的市场份额却逐年下滑，占比越来越小。

Q 公司是一家工业零部件配套企业，客户都属于行业标杆类大客户，对供应链的资质要求很高，审核非常严谨，且审核过程要花很长的时间，但是一旦成为其合格的供应商，就会有长期稳定的生意。

不久前，Q公司老板跟随业务人员一起去走访一家老客户，他们惊奇地发现，当初的采购员小张变成了采购总监，客户的营收已经从5亿元变成了60亿元。采购总监小张说，因为大家是老朋友了，所以善意地提醒一下Q公司，免得掉队——他们公司正在做供应链方面的整合，希望用两年左右的时间完成零部件的集采整合工作，这样会大大减少供应商的数量。

老板听了小张的话大吃一惊，回到公司立即召集销售经理和销售人员开会，老板生气地质问大家："为什么客户的业务成长那么快，我们都不知道？为何客户正在做供应链集采整合，我们也不知道？"销售经理自然是找借口，比如客户是别人开发的，两年前才转给现在的销售人员，这个客户每年的业务都有增长，业务很稳定。老板又问销售经理："年度销售指标是怎么定的？"销售经理回答说："根据上一年的实际业绩，加上15%的增长率。这个客户的业务每年都能达到增长率要求，所以我们没有感到有什么不对。谁也不清楚客户的采购量居然增长幅度那么大。"

这个案例暴露出了Q公司存在的三个核心问题。

一是Q公司没有市场情报系统，根本不知道客户的业务情况，更不知道竞品的销售情况，无法做出准确的市场规模分析、市场份额统计、市场趋势预判。这其实是大多数企业的通病。

二是Q公司制定年度目标的依据错了，仅仅与本公司过去的业绩做比较，而没有考虑在客户采购量中的占比。Q公司不是根据外部市场的发展做判断的，而是以自己企业的内部数据为基准的，这是典型的内向化思维。

三是 Q 公司不了解行业集中度提高的大趋势，没有意识到集采是各个行业的大势，缺乏危机意识，根本不知道自己正在被边缘化，已经成为"温水里的青蛙"，用不了多久自己的"奶酪"就会不见了。

当面对这样一种局面时，企业如何才能力挽狂澜？我给大家三个建议。

一是建立市场情报系统。大家可以想一下，在现代战争中，如果没有雷达系统会是什么样的结局，一定是被动挨打，根本没有还手之力。可以说，没有市场情报系统，企业就变成了"瞎子"和"聋子"，对市场没有宏观的把控，便会失去"空中支持"。所以，老板务必重视市场情报收集，指定专人去做这件事情，哪怕企业里只有一个人做这件事也行。

我进入中国惠普公司后，做的第一份工作就是市场开发助理工程师，负责收集行业信息、市场信息、客户信息，以及分析竞争情报、政策趋势等，像雷达一样，给上级领导定目标、做决策提供数据支撑，为企业打胜仗提供关键支撑。其实，只要老板重视，这件事并不难做，30 多年前我们都能做到的事情，现在去做应该更容易了，因为互联网时代搜集信息的难度比以前大幅降低。

二是建立市场导向的销售体系，走科学化管理的道路。企业不能觉得自己有增长就行，一定要参照客户行业的增长率、本行业的增长率、竞争对手的增长率，做大客户销售占比分析（见表 4-3）。

只有当本企业的增长率高于客户行业的增长率、高于本行业的增长率、高于竞争对手的增长率时，才是在获取市场份额，否则就是在失去市场份额。如果企业采用销售漏斗去做分析，针对每个大客户做出来一张分析表,每月至少检查一次,就不会出现案例中的问题。在 Q 公司这个案例中,如果不是因为客户方的采购总监小张是老朋友,如果不是因为老板亲自去拜访,Q 公司可能永远都不知道自己在客户那里的真实状况,已经到了失去客户的边缘。

表 4-3 大客户销售占比分析

	大前年	前年	去年	今年
客户企业的营业额	10 亿元	20 亿元	40 亿元	60 亿元
竞品 A 的市场份额	25%	30%	35%	40%
竞品 B 的市场份额	15%	20%	25%	30%
本企业的市场份额	25%	20%	15%	10%
本企业的增长率	20%	20%	20%	20%

三是正视市场大变革带来的冲击。大中型企业通过集采提高质量,降低成本,已经是不可扭转的大趋势。优秀的大中型企业一般会把供应商分成三档:首选供应商、优选供应商、备选供应商,首选供应商一般会占据 50% 以上的份额,优选供应商一般会占据 30% 左右的份额,而备选供应商一般仅占 20% 以下的份额。这样做,企业既能通过规模经济效益降低成本,又能确保采购安全。不过,三档供应商的评定并不是静态不变的,而是动态的:根据每个供应商上一年度的表现,按照 TQRDEC 评估标准对其进行打分(见表 4-4),决定其下一年的地位。对于供应商而言,其必须清楚自己在大客户那里目前处于什么位置,希望通过努力未来达到什么位置。

就以大家都非常熟悉的房地产行业为例,10 年前全国有几千家房地产开发商,3 年前变成了几百家,过不了 5 年,也许会变成几十家,这几十家一定都是具有规模经济效益的大企业,它们要想维持自己的竞争优势，必然走向集采，因为谁不集采，谁就没有成本优势，毕竟房地产行业的暴利时代已经一去不复返了。一旦供应商不能进入集采名单，也就是前三名，基本上就被边缘化了。

表4-4 供应商选择评估标准

维度	定义与内涵	目前得分	期望得分	打分标准
T（技术）	企业在技术方面的领先程度			5分：行业内遥遥领先 4分：比竞品领先一点 3分：与竞品旗鼓相当 2分：比竞品稍差一些 1分：行业内排名落后
Q（质量）	企业质量管控体系的领先程度			
R（响应）	企业对客户需求的反应能力			
D（交期）	企业保证向客户发货时间的能力			
E（环保）	企业在环保方面对社会的承诺			
C（成本）	与竞品相比是否拥有成本优势			

我的一个学员的企业，面向世界500强企业提供环保包装，去年给他们做微咨询时，我就向他们明确了一件事：市场大变革已经到来，不要眉毛胡子一把抓，一定要抓大放小。此外，我向他们建议，老板要把有限的精力放在大客户身上，从琐碎的事务性工作中解放出来，先选定三类企业，比如连锁百货企业、服装知名品牌企业、知名工具类产品企业，然后列出每类的前六名企业，主动出击。过去，他们不愿意接技术要求高的客户的订单，总觉得太麻烦，担心做不出来。我建议他们转变思想，把技术要求高的世界500强企业当作自己的目标客户，调动所有资源去攻关。因为一旦拿下了这些标杆客户，其他客户就会如潮水般涌来，而且还会形成进入壁垒。

具体说来，就是确立了公司未来三年将坚持走大客户开发路线：先在各个领域拿下前六名当中的三个，从备选供应商开始，用一年左右的时间成为优选供应商，再用一两年的时间成为首选供应商。

这是一个循序渐进的过程，客户会看你怎么说、怎么做，只有那些最优秀的供应商才能成为首选供应商。半年过去后，成效开始显现，目前已经有 6 个服装知名品牌企业、2 家连锁百货企业、2 家工具类产品企业成为该企业的重要客户，使其营业额快速攀升。

2001 年 1 月，中国惠普公司成立了惠普商学院，这是国内成立最早的、面向客户的企业商学院，主要给大客户、供应商、分销商、代理商等提供管理培训，把闻名于世的惠普卓越的管理智慧和管理实践传授给惠普自己的合作伙伴，促成大家提升管理水平。记得当年我在"千户班"讲课的时候，一个学员问我："中国惠普为何做这件事？"我没有直接回答，而是反问学员："你想一下，通过我们的培训，各个企业提升了管理水平，若有一天你们企业做大做强了，肯定需要买 IT 设备，到那时，如果有两个人去找你，一个是竞争对手的业务员，一个是我，你会接待谁？"学员一听就笑了："肯定接待高老师。"这就是"卖什么不吆喝什么"。所以说，通过管理培训，先从管理哲学的高度入手，与客户达成思想上的一致，再给对方管理工具和方法，就能站稳首选供应商的位置。

> **小　结**　销售人员的战斗力提升涉及多个维度，既要有市场部提供的竞争情报，也要有科学的监督检查机制，还要有与客户建立战略联盟的方法。

第五章

定期辅导，栽培育人

如何有效地辅导销售人员

R 公司跨行业引进了一位有经验的销售管理人员大刘，他过去在一家大公司做得很不错。大刘刚上任的时候雄心勃勃，但是半年下来，客户流失，部下不满。

大刘原来是做渠道销售的，面对的是经销商，作为知名品牌的销售人员，他习惯了强势地要求经销商，并说服经销商按照自己的思路去做事。但是到了 R 公司以后，他面对的是最终客户。有一次，一个客户非常着急地找到他，希望他按照要求尽快拿出来一个方案，但是大刘为了把订单做大，建议客户换一种技术，用更好的技术和全新的方案。客户听了当面不好拒绝，就说："那按照你们的建议马上做一个全新的方案看看吧。"

于是，大刘调动公司内部的技术人员，连夜加班赶工，拿出了一套全新的设计方案。第二天拿给客户看，很遗憾，被客户否定了。因为客户觉得新方案风险太大，还是老方案更稳妥，况且客户的预算已经定了，不能随便增加了。这个结果令 R 公司内部的技术人员非常不满——大家听了大刘的话，连夜赶工，结果费力不讨好，没有任何收获，认为大刘的判断有问题。半年后，大量高价值的潜在客户流失，R 公司内部的员工怨声载道，大刘的部门既没有业绩，也得不到大家的认可，大家开始郁郁寡欢，怀疑自己。终于有一天，大刘做不下去了，找老板提出离职，老板很诧异，一个能力很强的人怎么就做不下去了，是不是跨行业引进人才有问题？

这个案例暴露出来的三个问题，其实在很多企业中都经常发生：

一是老板不了解候选销售经理的真实技能，没有做过外调（履历看起来很光鲜，但是一到实战场合就不是那么回事了）；二是老板和经理双方都是感情用事，没有目标管理，没有考评制度，没有考察机制和试用期制度；三是公司缺乏必要的辅导机制和人文关怀，老板总认为有经验的经理自己可以快速上手，误解了"用人不疑"这个理念。

如何才能避免出现这三个问题呢？

第一，老板和各级管理者要学会科学地鉴别人才。一个人在知名大公司做得好，换一家公司未必还会做得好。这是因为决定业绩的因素很多，经验固然重要，但比经验更重要的是技能，也就是可以跨行业、跨地域、跨产品类型的职业技能——不管到什么公司，都会做才行。

当年苹果公司通过猎头公司挖我过去做中国市场总监，就是典型的跨界挖人。之前我在中国惠普做了八年半的电子测量仪器市场营销，从助理工程师做起，后来担任过市场部经理、业务发展经理、渠道销售经理，从未接触过计算机类产品，更不了解苹果公司最擅长的桌面出版市场和教育市场，几乎是零基础，那么苹果公司为何愿意高薪挖我过去做市场总监呢？因为他们看重了我的市场营销管理技能。不管做什么行业、做什么产品，我都懂得市场营销的套路和方法，这些套路和方法是可以跨行业、跨领域的，因为底层逻辑是相通的。

第二，公司要充分利用好三个月的试用期。新任经理做事之前，所有的计划必须先得到公司内外相关人员的认同，而不是经理凭着自己的经验和理解去蛮干，以至于到最后没法收拾。这种双输的结果是很可怕的，对新任经理的打击也是致命的，甚至会彻底摧毁他的自信，一生都走不出来。

我的一位朋友是著名的营销专家，20多年前，被一家知名的大型民企看上了，挖他去做集团营销副总。原来他是做培训和咨询的，从来没有在大企业做过职业经理人，一直想补上这个短板，遇到这样一个实操的机会对他来说的确很难得，接受聘任看上去是一个合理的选择。但是，事先他并不了解那家公司的文化，不熟悉那个行业的潜规则，不了解他将要合作的同事。尽管他去了那家民企后非常努力，但依然难以扭转被动的局面，陷入了内部斗争，做不出业绩来，最后不得不黯然离职。最遗憾的是几年下来，他在精神上受到了巨大的摧残，再也没有干劲继续做任何工作了，起初想去国外大学读书，后来又想去庙里修行，从此一蹶不振，非常令人惋惜。

第三，公司要做好定期的辅导。 因为我始终坚信绩效不是考评出来的，而是辅导出来的。为什么我如此强调辅导的重要性呢？因为辅导可以帮助员工建立自信，激发敬业精神；辅导可以协助员工尽快融入企业，适应环境；辅导可以让员工不再摸着石头过河，减少试错；辅导可以调节员工的竞技状态，让员工发挥出应有的水平，尽快出成绩。

老板也好，各级管理者也好，一个非常重要的日常工作就是辅导员工。

从时间上来说，新员工入职前半年时，最好每周辅导一次，每次2小时，半年26次，总共辅导52小时。之后是每月辅导两次，等新人完全融入团队，熟悉业务了，就可以减少辅导的次数，但是至少每次1小时，半年下来辅导12小时。

从内容上来说，辅导分为两大类，一类是针对做事，另一类是针对育人。我们先谈做事，通过辅导，应教会员工主要解决三个问题：一是合理地利用公司的资源，学会借力，懂得聪明地工作；二是做完一件事后一定要复盘、反思，找到改进的路径；三是不能为了做事而做事，要搞清楚目的和目标，争取超越上司的期望。上司就好像是导演的角色，需要给部下说戏，亲自做给部下看，把要求、思路讲清楚，启发部下思考，让他理解角色的背景，从而出色地表演。

我们再来看育人，主要做好三件事：一是激发员工的动力，以鼓励为主，挖掘员工的潜能；二是成为员工心目中的好教练，手把手地传授技能；三是唤起员工进步的抱负，勇于接受挑战。要引导员工把做事当作乐趣，看成学习的机会；把挑战当作锻炼，看成提升的机会。

有些老板接受了我说的"绩效是辅导出来的"理念以后，就开始定期给部下做辅导，但是几个月后他们反馈说好像不是那么回事，每次辅导都成了"批斗会"。我问他们具体是怎么做的，他们说按照要求，每周一次、每次2小时，都没错。那谈的什么呢？当然是谈业务、谈问题，老板问部下为何没有及时跟进一个项目，部下说上周太忙了，顾不过来。老板说这么重要的事为何不重视，部下说哪件事不重要，哪件事我可以不做？老板无法回答，只好要求部下听话照做，不要找借口，最后双方闹得不欢而散，老板很郁闷，员工也很不服。

其实,做好辅导工作有一个诀窍,那就是"先跟后带",先顺着部下的思路走,让部下讲清楚自己的观点和做法,不要打断部下,等部下说完了,再顺着部下讲的内容提出一些疑问,启发部下自己去反思,等时机成熟了再给出建议。

另外,老板和管理者最好不要在自己的办公室里给部下做辅导,因为在老板或管理者的"主场"中会令部下感受到压力,而在一个小会议室或者咖啡厅做辅导,双方的位置是平等的。

从时机上说,以下这七种情况,是辅导部下的最佳时机:部下遇到困难来找上司时,部下定期汇报工作时,部门刚开完例会时,上司与部下一起接待完客户时,上司检查工作时,研究案例时,项目复盘时。这是因为借着某个话题引申来谈,比较自然、具体,双方的观点也很容易被理解和接受。同时,每次辅导都要使用辅导工具(见图 5-1),回顾上次辅导后的进展,形成闭环。

图 5-1 每周辅导工具

> **小　结**　辅导是老板和管理者最容易忽视的一项重要工作，一定要给予足够的重视，如果案例中的老板能定期给大刘做辅导，就不会出现双输的悲剧了。

如何做好针对销售人员的随访

涂料行业 S 公司的一家区域分公司成立 6 年了，稳定的客户始终没有突破个位数，销售人员流失率高达 40%，入职 3 年以上的销售人员占比仅为 15%，这令总公司非常失望。

S 公司的销售人员小王，找到了一家在当地很有影响力的施工企业 A+，因为 A+ 企业的客户资源很丰富，包括很多知名的地产商，一旦拿下 A+ 企业，预计 S 公司在当地的业务就会爆发式增长。经过一番沟通，A+ 企业基本认同 S 公司的实力和产品，表示愿意通过几个具体的项目先局部合作试试，磨合一段时间，如果满意就全面合作。抓到这样一个有实力的大客户，小王和上司都非常兴奋。

第一个合作的大项目技术要求高、施工难度大、工期短，对任何一家供应商来说都是"硬骨头"。A+ 企业派出了本单位最优秀的施工队伍，小王也一直在现场盯着，但是由于小王对自己公司的产品和技术了解有限，只能担任"二传手"的角色，在公司与客户之间传递信息。有一天，施工过程中出现了部分墙面发花的问题，小王就傻眼了，根本不知道该如何应对，更没有资源可以调动，有种"叫天天不应，叫地地不灵"的感觉。物料供应不及时，导致A+企业窝工，小王一方面害怕得罪客户，另一方面又不敢跟上司讲实话，急得团团转。而小王的上司从未到过现场，对实际情况不了解，根本没有意识到问题的严重性。

当项目接近失控的边缘时，A+企业实在忍无可忍，亲自给小王的上司打电话，要求公司派更高层面的管理人员介入，现场督导解决问题。直到此时，小王的上司才意识到问题大了。经过几天的努力，总算解决了墙面发花的问题，但是客户付出了更高的成本、更多的时间，耽误了工期。这次合作让A+企业很不爽，认为S公司的产品质量、响应机制、供应能力都有问题。

这个项目结束以后，S公司永远地失去了一个优质的大客户，而且这件事在施工企业圈子里负面影响巨大，很多潜在客户都对S公司敬而远之，不愿意再跟其谈合作。一次次的受阻，一次次的挫败，让小王丧失了动力和信心，只好选择离职。

这个案例说明了什么问题呢？一是公司没有战略型大客户开发的策略，没有客户分级制度和相应的对策；二是销售人员不了解自己公司的技术和产品，不是专家型、顾问型销售人员；三是公司没有相应的技术团队做后盾，导致销售人员孤军奋战；四是上级领导远离客户现场，无法及时发现问题、解决问题，从而贻误了最佳时机。

要想从根本上解决以上问题，就要在以下三个方面下功夫。

第一，要制定大客户开发战略，大公司可以由更高层级的管理人员亲自负责重点大客户的开发，中小企业只能老板本人亲自负责。因为级别越高的人在公司内部往往越有地位、人脉、资源，可以根据大客户的需求迅速做出准确的判断和反馈。

当年惠普公司把客户分成了三层：第一层是全球 200 家大客户；第二层是全国 200 家大型集团客户；第三层是普通客户。大区销售总监级及以上的人员负责全球 200 家大客户在中国的分支机构，区域销售经理级及以上的人员负责全国 200 家大型集团客户，一线销售人员仅能负责其他普通客户。

第二，强化销售人员的专业培训，并建立配套的技术支持体系。培训的目的是让销售人员了解行业、了解市场、了解客户、了解竞争、了解产品、了解应用，这六个方面缺一不可（见表 5-1）——这样才能做到为客户量身定制解决方案，从而让销售人员成为真正懂客户的顾问。

表 5-1　专业培训的六个方面

	定义是什么	目前得分
了解行业	了解客户的行业属性、技术趋势、发展趋势、主要挑战，以及行业目前最头疼的普遍问题、客户的客户是谁	
了解市场	了解各个细分市场的状况、市场规模、市场增长率、市场前景，以及目前各个细分市场处于什么发展阶段	
了解客户	了解客户的购买流程、客户决策时最关注的要素，以及参与决策的有哪些人，分别扮演什么角色	
了解竞争	了解竞争的格局、行业前三名是哪些公司，以及本公司所处的市场地位、面临的主要竞争压力	
了解产品	了解本公司产品的属性、优势、价值点，以及有哪些产品供客户选择，不同的产品系列有什么特色	
了解应用	了解客户的实际应用场景，知道客户使用本公司的产品做什么，想解决什么问题，以及最关注什么	

所有销售人员在没有完成上述六个方面的培训并考试合格之前，企业应不允许其单飞，这样才能确保每个客户接触到的都是训练有素的专业销售人员。

配套的技术支持体系是指公司要有专人做售前技术咨询、技术方案，这一点对 B2B 工业品企业来说至关重要。销售人员可通过支付内部货币的方式，合理地调用公司有限的技术资源，给客户提供高品质的方案。所谓内部货币，就是根据销售指标，每个销售人员都有一笔内部专用资金，专门用来请公司内部的技术人员提供支持，做方案。销售指标越高，内部货币就越多，可调用的资源就多。这是很多 B2B 工业品企业到目前为止都没有解决好的一个矛盾：要么公司没有技术支持，销售人员得自己做，要么销售人员完全依赖技术人员，需要"拄着拐棍"才能成交。

第三，建立针对销售人员的随访机制。上司必须知道下属在客户那里的真实表现。随访怎么做呢？销售经理提前一个月安排好自己的时间，每个月至少一次跟随部下到不同的客户那里去拜访。如果一个销售经理管 6～8 位销售人员，那就意味着每个月销售经理至少下市场 6～8 次，如果有可能，最好每半个月随访一次。这样做有以下五个好处。

一是销售经理可以贴近市场，贴近客户，让客户感觉公司很重视他们，遇到重大问题时，客户可以越级申诉，快速解决问题。在 S 公司的案例中，如果小王的上司能做到经常随访，早点发现问题，就不至于丢掉 A+ 企业这个大客户。另外，每月一次的拜访可以针对客户方内部不同类型的人，了解客户方各类人物对产品和服务有什么不满，从客户方含蓄的暗示等微弱的信号中发现问题。通过随访，还能知道销售人员的工作内容、工作态度以及拜访客户的频率，从而对销售人员形成威慑。

二是可以防止销售人员把客户据为己有，利用多年积累的客户关系假公济私，或者与客户方的某个人串通起来做私单，从而伤害公司与客户双方的长远利益。销售经理应与客户上层建立起长期稳定的关系、直通的沟通渠道，一方面防止销售人员胡来，另一方面万一销售人员离职，上级经理可以迅速补位，给新人接手留出时间。

三是可以了解客户方各类人员与销售人员的实际关系水平，验证销售人员以前做的客户关系评分（见表5-2）。

以B2B工业品企业为例，其客户涉及决策者、购买者、使用者、施加影响者四类人。销售人员需要根据定义给每一类人打分，鉴于有随访制度，销售人员就不敢随意填写，不得不客观地打分，准确地反映实际水平。有了准确的关系分数，销售漏斗的准确性、可靠性就都有了保障。

表 5-2　客户关系鉴定表

	5分 铁哥们儿	4分 好朋友	3分 正常关系	2分 有点反感	1分 敌视状态
决策者					
购买者					
使用者					
影响者					

四是可以近距离地观察销售人员与客户的互动，便于客观地评判销售人员的专业技能和表现，比如与客户沟通的技巧、分析问题

的能力、谈判的技巧、引导客户的能力、应对挑战的技巧、介绍产品的能力、对客户行业和应用的理解程度、对竞品的熟悉程度等，且这些互动可为日后做辅导提供依据。

五是可以协助销售人员攻关。遇到重大项目或者竞争激烈（客户摇摆不定或偏爱竞争对手）时，销售经理需要出面力挽狂澜，现场解决难题，给出承诺，扫清障碍，拿下订单。上司要成为销售人员的坚强后盾，为销售人员提供支持。

> **小　结**　要做好销售人员的随访，销售经理需要遵循三个原则：事先做好随访计划，不要临时决定；随访过程中，销售经理要认真聆听，详细记录；事后撰写随访总结报告，给销售人员做辅导。

如何给销售人员做职业生涯规划

为了快速开拓各地市场，提升市场份额，T公司决定在热点地区设立办事处，由一位资深的销售经理带着3位当地销售人员开拓市场。为了激励办事处负责人，公司在预算上提高了20%，由办事处负责人全权负责，即在总预算内，由负责人自主决定人员的招聘、培训、薪资待遇等，公司不干预。在饯行宴上，借着酒意，办事处负责人踌躇满志地对大家说:"兄弟们,这次公司给钱、给权都很爽快,信任我,人员由我定,分配由我说了算,我一定不负众望,年底看我的成绩单。"

一个季度过去后,当地的新开发客户、打样客户、老客户市场份额等数据都有显著的提升,办事处负责人在公司汇报工作时给大家介绍经验,主要归功于从几家竞争对手那里挖人,新来的2个销售人员上手很快,把客户都带过来了。负责人跟大家解释说自己培养人太慢,不熟悉业务,还是挖人效率高。

到了年底,办事处的销售数据,除了经费少许超标外,当年业绩同比翻了一倍,按照这个进度预判,目标肯定可以实现。但是令人意外的是办事处负责人突然提出要离职。老板很纳闷,就跟这位办事处负责人进行了两个小时的一对一沟通,才知道背后的原因。原来,一年当中办事处的销售人员换了8个人次,年初从竞争对手那里挖过来的2个销售人员,一个被高薪挖回去了,另一个老客户资源用完后就开始混日子。

在当地招来的其他新人,由于对产品、应用、技术、客户、行业都不熟悉,很难开展业务,这位办事处负责人为了快速出业绩,根本顾不上培训和辅导大家,而是自己上阵去干活,导致团队人心涣散,新员工在这里学不到东西,做不出业绩,看不到希望。表面上看是4个人的团队,其实就靠办事处负责人一个人拼,其他人始终处于流动状态。因为年初办事处负责人夸下海口,也拿到了额外的预算,不做出点成绩来没法交代,所以只好自己努力拼搏,结果导致筋疲力尽,难以为继,最后决定辞职。

这个案例在中小民营企业中是很典型的，主要暴露出来三个核心问题。

一是图快，从竞争对手那里挖人，很可能出现双面间谍。你挖过来，他们再挖回去，所有的客户信息、产品信息都暴露无遗，这个案例中就出现这个问题了。这些人能背叛老雇主，就有可能背叛你，所以忠诚度始终是一个问号。

二是给了办事处负责人没有约束的权力，这种大包干思维很容易滋生腐败，滥用职权。办事处负责人想怎么干就怎么干，是完全不负责任的做法。尽管我们在案例中没有看到跟腐败相关的线索，但是时间久了很难避免。一个人大权在握，没有约束，好人也容易变成坏人。

三是急功近利，负责人不愿意做打基础的工作，没有长远考虑。如果企业不能够给员工四个机会——做事的机会、学习的机会、晋升的机会、赚钱的机会，就无法打造有战斗力的团队。

那么，怎么解决这些问题呢？

针对第一个问题，企业需要人才的时候应该去哪里挖人？首先，要明确基本原则，那就是有经验不如有技能。经验有时候是坏事，容易导致先入为主，按照以前的套路去做，很难超越自己。所以公司挖来的人必须是有技能的，不论换什么产品，他们都知道怎么做事。其次，要定点挖人，比如，我们想做邮电通信市场，就从邮电系统内部招人，我们想做医院市场，就从医院内部招人，这样招来的人都是熟悉客户所在行业和应用的人，只需要经过产品知识培训就可以上岗了，而这是很简单的事情，三个月就足够了。最后，再次强调为何不能从竞争对手那里挖人,这是事关"背叛"的严肃话题。一个人一旦开启了"背叛模式"就没救了,会三番五次地"背叛",没有了羞耻心,也就会反复跳槽。因此,大多数企业都不愿意重用叛徒,底层原因是人品问题。

针对第二个问题,一定要把权力关在笼子里。预算必须跟着计划走,要先有计划,再有预算,而不应该像案例中这样,没有计划就先给预算,还增加了20%。办事处要招人,必须由另外两个同级别的管理者把关,绝对不能一个人说了算。

针对第三个问题,要给每个员工做职业生涯规划,把员工的个人发展与企业的未来链接起来,形成命运共同体,让员工看到未来,看到希望,发奋努力。现在很多快速发展的互联网企业,根本不培训员工,拼命地招人、试用、淘汰,表面上看是快,其实是慢。前面我们讲过,如果新员工来公司工作不到半年就离职了,公司肯定赔本,况且过高的人才离职率会让其他人失去安全感,谁也不做长期打算。

为何要做职业生涯规划呢?

首先,通过职业生涯规划把员工培养成为"长期主义者",不在乎一时的得失,不急功近利,眼光长远。老板的心态、格局和追求是一家企业能否做大做强的基因,如果老板自己是急功近利的心态,整个企业就没救了。记得当初我刚刚进入中国惠普公司的时候,管理层反复给我们灌输一个理念:掌握赚钱的本领比赚钱本身更重要。如果员工接受了这个理念,就会成为"长期主义者";如果员工不接受这个理念,就会选择离职,去其他公司赚快钱,留下来的则都是

"长期主义者"。

国外的咨询机构曾经做过大量的员工离职原因分析，得出员工离职最重要的因素就是缺乏晋升机会。在新加坡和中国香港，公司没有明确的标准，员工不知道怎么做可以晋升，这种情况的离职人数占总离职人数的 38.1% 和 36.9%（见表 5-3）。其实，年轻人如果不知道自己的优势在哪里，不知道企业的未来，不知道如何发挥自己的聪明才智，没有合适的舞台去施展才华，是很痛苦的一件事。所以需要帮助部下理清思路，看清未来，轻装上阵。只要有部分人晋升上去了，过上了体面的生活，其他人就会效仿，就会相信。

表 5-3 员工离职原因分析

离职原因	新加坡	中国香港
缺乏晋升机会	38.1%	36.9%
不受肯定与赏识	26.8%	27.9%
不满薪金与福利	19.5%	19.2%
不满企业文化	12.4%	13.4%
不满分红	3.2%	2.6%
合计	100%	100%

其次，通过职业生涯规划主要解决动力问题，让员工清楚自己的职业发展通道。海底捞之所以能调动基层员工的积极性，其中一个原因就是职业生涯规划清晰可见，员工一旦看到了未来，就会加倍努力。当然，员工可以选择慢慢来，也可以选择加速成长，自己的晋升速度完全由自己决定，公司要把选择权交给员工。

比如，我刚进中国惠普公司的时候是 7 级助理工程师（见图 5-2），如果表现出色，通过了所有产品的考试，就可以晋升到 8 级工程师。从 7 级到 8 级，我用了 18 个月的时间。通常说来，表现评估得分为 5 分，1 年左右就能晋升；两次表现评估的平均分为 4 分，则要 2 年才能晋升；多次表现评估的平均分为 3 分，则要 3 年才能晋升；多次表现评估的平均分为 2 分，则需要 4 年以上才能晋升。这样每个员工都很清楚命运掌握在自己手中，要想晋升快、多挣钱，就要得高分，而要想得高分，就要表现好、贡献大，这样逻辑就理顺了。

级别	管理线	研发线	生产线	专业线	行政线	销售线
17	总裁					
16	高级副总裁					
15	副总裁	首席科学家				S7：营销副总裁
14	总监Ⅱ					
13	总监Ⅰ	科学家				S6：销售总监
12	高级经理					S5：大区销售经理
11	经理Ⅱ	资深顾问	资深顾问	资深顾问		
10	经理Ⅰ	资深工程师	资深工程师	资深工程师		S4：区域销售经理
9	主管	高级工程师	高级工程师	高级工程师	执行秘书	S3：高级销售工程师
8		工程师	工程师	工程师	高级秘书	S2：销售工程师
7		高级技术员	助理工程师	助理工程师	秘书Ⅱ	S1：助理销售工程师
6		技术员	技术员	专员	秘书Ⅰ	
5		助理技术员	高级技工	办事员	助理秘书	
4		高级技工	技工		前台文员	
3		技工	高级操作工		司机Ⅱ	
2			操作工		司机Ⅰ	
1					清洁工	

图 5-2　岗位级别设计

最后，通过职业生涯规划留住优秀的人才。在任何公司里，职位都是有限的，我们说的晋升不一定是升职，也包括升级。就像我们前面讲过的，作为基层员工，我所在的岗位有三级——助理工程师、工程师、高级工程师，比较优秀的员工一年半晋升一级，总共需要 4 年半的时间。我就是用了 4 年半的时间从助理工程师晋升到工程师、高级工程师，再到市场部经理。管理岗位也是一个职位多个级别，如图 5-2 所示，从 10 级到 12 级都是基层经理，也需要 4 年左右的时间才能晋升到更高职位。

那么，职业生涯规划什么时候做最合适呢？新员工过了试用期，基本认同企业，愿意长期留下来就可以做了，一般是入职半年内做一次，之后则是每年做一次，我们称之为个人发展计划。先给员工看晋升空间表和晋升速度表，然后让员工对照自己现有的水平和表现，主动提出哪些方面要做出改进，从 2 分到 3 分，从 3 分到 4 分，从 4 分到 5 分。然后，员工与顶头上司坐下来进行深度沟通，大约需要 2 个小时的一对一沟通，把背后的逻辑讲清楚，然后双方签字确认。

> **小　结**　要把员工培养成"长期主义者"，老板首先要成为"长期主义者"，不能急功近利，要相信"慢就是快，快就是慢"的管理哲学，这样从上到下才能步调一致。

如何强化销售人员的责任心

U 公司是一家装修企业，通过各种宣传促销活动，好不容易把客户吸引过来了，但是由于销售人员和设计师责任心不强，在规定的时间内没有拿出令客户满意的方案，导致到手的订单飞了。

事情是这样的，U公司不久前接待了一位客户，销售人员约好了设计师一起去业主家看房、沟通。客户在现场详细介绍了他的需求，当时设计师都一一点头应允，表示都听清楚了。临走时，约好了客户去U公司看方案的具体时间。到了约定的日期，客户直接来到了U公司，但设计师告诉客户，方案还没有完全做出来，只做了一部分设计，因为最近手头上的案子太多，真的有点忙不过来，并向客户道歉，希望客户再给他五天时间，等做好了方案再详谈。这个客户人很随和，表示可以理解，不过既然来了，就先看看已经做出来的那部分方案。设计师把初步方案拿给了客户，客户一看就火了："你忙，等几天给我方案可以接受，但是我那天跟你说的话你根本没有听进去，这就太不应该了，方案中根本没有体现出我的想法，是不是觉得我们家房子小，生意不够大，你们看不上啊？"客户说完这句话，站起来就走了，并立刻删掉了销售人员和设计师的微信。

这个案例看起来很简单，就是一个关于责任心的问题，其背后却有三个更深层次的原因。一是销售人员失职，既没有亲自把客户的需求记录下来，也没有与设计师一起研究核实需求，既没有监督设计师按时拿出方案，也没有在客户到来之前与设计师审核方案，销售人员毫无价值。二是设计师行为没有规范，没有既定的流程，想怎么做就怎么做，现场随便答应客户，但又不能按时交稿，这是极不负责的做法。三是从头至尾管理层都没有人介入，也没有看到有任何管控节点，企业的运作处于"放羊"状态，完全失去了控制。

面对这样的问题，怎么办？我建议从三个方面入手。

一是建立标准化流程

建立标准化流程是服务类企业必须重视的规定动作，有了检查清单和交付物要求，任何销售人员和设计人员都必须按照要求去做，防止出现漏项。

1998年，我装修第一套别墅的时候，那家装修公司的总经理亲自接待我，初次见面跟我谈了2个小时左右，设计师助理和销售人员都在场。第二天，销售人员就发给我一页纸的业主画像，标题是"高先生其人"。版面设计得很漂亮、很精致，让我刮目相看，没想到2个小时的沟通，他们对我的认知有这么深刻。

业主画像是这样写的：高先生是一家跨国公司的高管，是为数不多的进入跨国公司管理层的中方员工，有自己独到的见解，不人云亦云，讲究工作与生活两不误。他喜欢低密度的郊区生活，安静、低调、不张扬，希望把房子装修得有品位，细节之中体现出精致，而不是表面上的豪华。他是一个非常自律的专业人士，不加班、不应酬、不抽烟、不喝酒，有绅士风度，喜欢音乐、美食、旅游，等等。区区几百字就把我描述得活灵活现，他们把这个业主画像发给我之后还问我，他们理解的对不对，有没有哪里需要调整。

看完这么用心的业主画像，我就打消了再找其他装修公司做比对的想法，马上决定，就请他们来装修，因为第一步他们做得很漂亮，令我非常满意。

接下来，销售人员带着首席设计师到现场看房子，实地测量。

那是一位来自意大利的知名设计师,他与其他装修公司的设计师完全不同,不是一上来就谈装修风格,而是谈生活理念,谈健康生活。他告诉我,光线对一个人的情绪、心理和健康影响很大,所以要注重采光,最好加入一些彩色玻璃,更有情调。我一听这话就被打动了,因为以前我自己从未想过这些事情,甚至说根本没有这个意识。然后就聊我的生活细节,比如我什么时候上班,什么时候回家,出差的频率,在家里的时候都干些什么,看书和看电视的时间分配,喜欢坐在哪里看书。再接下来就是问我的装修需求,比如有多少套西装、衬衣,有多少双皮鞋,有多少书籍和光盘,等等。有了这些详细的数据,他就为我设计了恰到好处的储物空间,虽然不奢华,但是很温馨、实用。这次的现场讨论结束后,他们在一周内发给了我一个详细的需求描述,再一次跟我核实,看看他们理解的对不对,我在上面签字认可后,他们才开始做方案设计。

半个月之后,我到他们公司去看方案,基本上没有做什么调整就确定下来了,这就是我常说的"先慢后快"。有了标准化流程(见表5-4),公司里的每个人都知道什么时候该做什么,每个阶段的交付物是什么。

表 5-4 装修公司的标准化流程

阶段	交付物	为何要这样做
第一阶段	业主画像	深刻理解客户的背景、价值观念、行为准则,激发共鸣
第二阶段	需求描述	深刻理解客户的需求,看重什么,在乎什么,有的放矢
第三阶段	设计方案	基于客户需求定制客户方案,让客户感受到自己被尊重

我接触的这家装修公司,第一阶段的交付物是业主画像,第二

阶段的交付物是需求描述，第三阶段的交付物是设计方案。遗憾的是，22年过去了，绝大多数装修公司还没有达到这种水平。

可以说，责任心是建立在规定动作之上的，有了规定动作，大家就知道每一阶段必须做什么，就不会出现前面案例中出现的问题。

二是客户分类

关于客户分类，前面我们已经讲过了，企业内部一定要有一个明确的界定，如：哪些属于战略型大客户，是志在必得，绝不允许出差错的，对这样的客户，老板必须亲自过问，参与关键节点的检查；哪些属于VIP客户，需要各个部门通力配合，提供优质服务，需要销售总监亲自过问，参与关键节点的检查；哪些属于普通客户，需要按照基本要求，在规定的时间内完成规定动作，把每一项工作做到位，不能出现掉链子的情况，需要销售经理参与关键节点的检查。在这个案例中，销售经理和设计部经理显然都没有参与关键节点的检查。

客户的分类要在初次见面或者电话沟通之后就明确下来，然后按照客户的等级和相应的服务标准往前推进。这样，不管是销售人员还是设计人员，都没有太大的自由度，必须严格按照规定动作去做。那么，这些规定动作从哪里来呢？就来自公司多年来总结归纳出的最佳管理实践，需要老板重视、高手参与，固化下来。如果出现了新情况、新问题，老板要跟销售总监、经理、销售人员及设计人员一起复盘，总结经验教训，看看哪里存在漏洞，是想错了、说错了，还是做错了，如果从头再来一次，应该在哪些地方改进，杜绝类似问题的发生，把具体的措施固化成每个人今后必须遵循的规定动作，这样才能从错误中学习，不断进步，不断完善。

三是任务下达

要想激发员工的责任心，下达任务时一定要郑重、认真，不能一带而过。重要任务尽量面对面沟通，特殊情况下无法面对面就电话沟通，尽量不要采用单向的沟通，如发条信息给部下。

2002年5月初，惠普向全世界宣布兼并康柏，因为正赶上"五一黄金周"放假，我的顶头上司中国惠普总裁孙振耀给我打了一个电话，希望我来做中国区兼并与整合办公室（Merge and Integration Office，MIO）的主任，我一下子就愣了，因为消息太突然，没有任何思想准备。我那时的职位是首席知识官（Chief Knowledge Officer，CKO），跟兼并与整合完全没有关系。总裁就跟我说了三句话：第一，兼并与整合是中国惠普公司未来一年的头等大事，做不好他会下台；第二，他也从未做过兼并与整合工作，可能无法给我提供辅导，需要我独自去面对挑战；第三，兼并与整合是一项系统工程，如果我认真去做，会学到很多知识和技能，对我将来的职业生涯和个人发展肯定有帮助。这次电话沟通用了不到3分钟的时间，我一听觉得有道理，就欣然接受了。接下来，我带领跨部门团队成员用了一年时间，出色地完成了这项艰巨的任务，以93分的审计成绩获得亚太区第一名，得到了上级领导的嘉奖。

短短3分钟，就能把事情说清楚，把部下的干劲激发出来，让部下充满激情地去工作，何乐而不为呢？其实，布置任务是有学问的，需要在三个方面说清楚。一是重要性，即做这件事对公司的意义，对老板个人的意义。要知道为老板个人做事，比为公司做事更能激发部下的干劲，引起部下足够的重视。二是挑战性，对于部下以前没有做过的事情，要刻意强调挑战性，让部下把挑战当作动力，通过做有挑战的事学到更多新本领，突破自己，走出舒适区。三是谈个人收获，即某件事做好了对员工有什么好处，有什么长远意义，这样就能把公司的利益与个人的利益挂钩，让员工为了自己的长远利益而努力工作。

> **小　结**　责任心与执行力是一枚硬币的两个面，有了责任心才会有执行力，而责任心来自企业的流程和规定动作。当然，员工的敬业和责任心一定要有相应的利益驱动机制做支撑，没有配套的考评体系和激励机制，仅有流程和规定动作是不够的。

第六章

定期考评,找到差距

如何给销售人员做绩效评估

10年前，V公司招收了一位很内向的男生小李，他的第一份工作就是做销售助理，老板跟小李说："做销售酸甜苦辣都要尝，销售业绩代表着销售人员的尊严。"三年后，在公司的年会上，小李获得销售业绩进步奖。小李端着白酒敬老板说："老大，谢谢你对我的信任和栽培，我始终记得'销售业绩代表着销售人员的尊严'这句话。"

有一天，小李的顶头上司给老板打电话，说小李这个人很难管，因为他是老板亲自招进来的，不好处理，所以问问老板的意见。小李除了做销售比较认真以外，对其他的工作都不上心，令顶头上司很头疼。起初，小李的业绩名列前茅也就罢了，现在他的业绩已经掉到了中等水平。由于公司做大了，从"库存备货制"转向"见单生产制"，对销售预测精度提出了更高的要求，可是小李却认为拿不到订单是他的责任，交不出货则是公司的事情。对于新产品推广，小李也不感兴趣，还经常发牢骚，说"我只要完成销售任务就行了，凭什么非要我推新产品"，结果小李与顶头上司的关系越来越僵，经常争吵。

这个案例说明了什么问题？主要说明三个方面的问题。一是公司做大了，工作要求和规范与以前不一样了，但公司没有正面引导大家与时俱进，调整自己，结果导致原来的好员工掉队；二是销售经理不会做辅导，与老员工形成了对抗的局面，只能让老板来帮忙解决问题；三是公司过度强调销售业绩的重要性，销售业绩成了绩效考评的全部，导致销售人员只看销售额，其他事情都不重视，不知道除了做好销售业绩，还应该做些什么工作。也许大家还记得，上小学的时候会评选"三好学生",即德、智、体全面发展的优秀学生。评选优秀销售人员,同样有三个维度:为人、处事及业绩(见图6-1)。

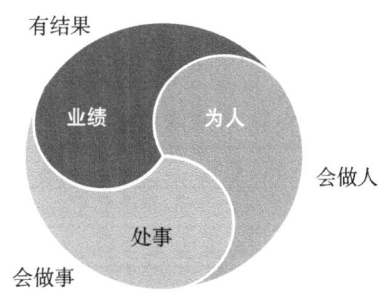

图6-1 评选优秀销售人员的三个维度

评选"三好学生"的目的是培养合格的接班人,仅仅学习成绩好是不能当"三好学生"的。同样地,如果企业只看销售业绩,就会培养出不择手段、唯利是图的销售人员,因为公司怎么考评员工,就会把员工变成什么样的人。

那么,如何设计综合的绩效考评体系来引导销售人员全面发展,既对公司有利也对员工负责,具体应该考评哪些方面呢?我们认为通常考评六大部分(见表6-1)。

第一部分,年度指标完成情况。这是考评业绩和结果,但是销售人员的业绩有很大的随机性、偶然性,甚至有运气的成分。当年我们公司第一位买宝马车的销售人员就是刚做销售不到一年的新人,工作技能一般,为人、处事一般,但是一开年就遇到了一个大客户,拿下了大订单,结果1000万元的年度销售指标,他在第二个月就完成了3000万元,超额200%完成任务,拿到了巨额的佣金,但是他的年度考评只有 5 分，而他的一位同事，仅仅超额 30% 完成任务，年度考评却是 5 分。一个是业绩优秀的普通员工，一个是业绩普通的优秀员工。我们说，业绩高低决定佣金（提成）的多少，表现好坏则决定下一年的加薪幅度及事业前景。关于销售人员的薪酬体系设计，我们在第八章还会详谈。

表 6-1 年度表现评估表

员工姓名：	评估人姓名：	审核人姓名：
1. 年度指标完成情况		
2. 各项任务的完成情况		
3. 员工个人发展计划完成情况		
4. 素质模型表现情况		
5. 来年员工个人发展计划		
6. 员工个人意见		

注：评分标准是 5 级评分标准；评估方法是一天准备，半天沟通；申诉程序是员工可以越级申诉。

第二部分，各项任务的完成情况。销售人员除了要完成销售任务之外，还必须按照公司的要求履行自己的义务，绝对不能只看销售业绩，所以每个销售人员都必须做好销售漏斗、样板工程建设等。另外，每年还要规定新客户开发比例、新产品销售比例、新应用开发比例等指标，目的是让销售人员配合公司的总体策略去推进，仅仅完成销售指标是远远不够的。除此之外，销售人员还有义务向市场部提供新产品建议、竞争对手动态反馈等，这些都会影响到销售人员的年度考评得分。

第三部分，员工个人发展计划完成情况。这项考评背后的逻辑就是员工要对自己的成长和职业生涯负责，比如某个销售人员上一年的个人发展计划是重点提高自己的英文口语水平，那么就要有具体的行动、切实的改善，才算达成了目标。

第四部分，素质模型表现情况。这是整个绩效考评当中最重要的一部分。我们说考评的唯一目的是帮助员工成长，素质模型就是为了引领员工走向成功，在为人、处事上不断地完善自己，成为公司期望的那种好员工。规范化的大公司可以采用 10 个素质要素（见表 6-2），中小企业则可以根据本企业的情况适当删减、微调，选择最重要的 5 个或 6 个素质要素作为考评标准，因为素质要素越多，考评和辅导的难度越大。

表 6-2　销售人员的素质模型

素质要素	根据本企业特点给出基本定义	超越期望	达到要求	有待改进
销售预测与计划性				√
可靠性与执行力			√	
坚忍执着与抗压能力		√		
敬业精神与创新意识			√	
谈判与沟通能力		√		
产品与竞品知识				√
行业与市场知识			√	
判断力与决断力			√	
客户满意度			√	
团队合作与借力				√

1. 销售预测与计划性。销售人员不仅要完成任务，还要按时做好销售预测，基于销售漏斗，每月做出销售计划和销量预测，根据计划去配置资源，采取行动。

2. 可靠性与执行力。销售人员必须说话算数，说到做到，不找借口，做一个靠谱的、可以让上司信赖的人。

3. 坚忍执着与抗压能力。销售人员经常会面对挫折和失败，因此必须有坚强的意志，可以屡败屡战，不达目的不罢休，不会轻言放弃。

4. 敬业精神与创新意识。销售人员除了要会做业务，对待工作还必须兢兢业业，能够自我激励，不断地想办法，提高工作效率和质量。

5. 谈判与沟通能力。这是销售人员能否赢得客户信赖的关键，考核的是销售人员能否基于利他的理念跟客户有效沟通，达成共识。

6. 产品与竞品知识。销售人员必须了解本公司的产品和竞争对手的产品，知己知彼，并基于客户的实际需求，引导客户做出正确的选择。

7. 行业与市场知识。销售人员要想把普通客户变成铁杆客户，就要理解客户行业的动态，成为能帮客户出谋划策的顾问型销售。

8. 判断力与决断力。销售人员在一线，需要独立面对很多事先没有想到的棘手问题和挑战，并在很短的时间内做出准确的判断和决策。

9. 客户满意度。销售人员做出的业绩，必须以客户满意为前提，这是企业可持续发展的关键，不能为了拿到订单不择手段，损害客户的利益。

10. 团队合作与借力。销售人员要与同事密切配合，互相帮助，要善于提炼与总结自己的经验，并乐意与他人分享。

上述 10 项内容，都是销售人员的核心素质，每一项都分成三档来打钩，即超越期望、达到要求、有待改进。根据10项素质表现与前三部分的实际结果，上司给出一个主观评价，如2分、3分、4分或5分，这里强调的是主观评价，而不是做简单的算术题。

第五部分，来年员工个人发展计划。员工选定一个方面重点提升自己，并写清楚最希望公司提供什么支持，作为来年参加各类培训的依据。

第六部分，员工个人意见。员工与上司就绩效考评进行讨论之后，需要写出自己的意见，一般会有四种情况：①完全同意上司的考评；②基本认同上司的考评；③有些地方不完全认同上司的考评；④不认同上司的考评，保留自己的意见。一旦出现员工保留意见，就会启动越级申诉程序，上司的上司作为员工绩效考评的审核者，就会约谈员工，给员工一个申诉的机会，从而对顶头上司形成制约，防止其滥用职权，欺负部下。

具体说来，绩效考评什么时候做呢？新员工入职后半年内做第一次，以后每年做一次。给部下做考评时，必须以事实为依据，因此平常的时候，上司要记录部下做的每一件好事和坏事，日积月累才能形成一幅完整的画面，做考评的时候才更容易令员工口服心服。

> **小　结**　绩效考评是一把尺子，也是一面镜子，可以让员工认清自己，知道自己在哪些方面优秀，在哪些方面还有改进的空间，从而发奋努力，成为最好的自己。

如何给销售经理做绩效评估

几年前，培训圈曾经流行过 KPI（关键绩效指标），当时老板们正为不知道如何考评发愁呢，一听说 KPI，如获至宝，就像找到了解决难题的灵丹妙药，于是全盘引进。然而，一年之后，整个公司搞得鸡飞狗跳，绩效考评也不了了之了。

为什么会这样呢？我们先看看 W 公司是怎么做的。他们首先从高管层的薪水中拿出 30%，从中层管理者薪水中拿出 20%，作为绩效工资，并设置了 KPI，每个季度进行打分。得分最高的是 100 分，可以拿到全额工资；得分低于 100 分，就拿不到全额工资。因为指标设得很高，所以绝大多数人都得不到 100 分，结果被扣钱，大家表面上不敢说什么，私底下却是怨声载道，觉得公司是变着法地克扣管理者的薪水。

整个中高层的负面情绪，影响了公司的业务和正常的管理，甚至导致了个别管理人员离职。有个心直口快的高管忍不住了，在一次高管会议上说："公司搞这个绩效考评就是用来扣钱的，如果要扣钱就明说，不用搞得这么复杂。我们每个月除了忙业务，还要应付考评专员小王发过来的各类考评表，劳民伤财。最不爽的是，堂堂的高管还要看考评专员小王的脸色，这是不是搞错了？"此话一出，一石激起千层浪，大家开始发泄不满，老板只好宣布叫停 KPI，小王也离职了。

为什么看似美好的制度却走向了反面？主要原因有五个。

一是很多人没有搞清楚 KPI 的概念，把 KPI 与素质模型搞混了。

那么，KPI与素质模型到底是什么关系呢？打个比方，检测新冠肺炎最重要的手段是两项：核酸和抗体，只要这两项关键指标（即KPI）正常，就说明没有被感染。但是，没有感染新冠肺炎，并不意味着一个人健康，要想知道一个人是否健康，唯有通过全面的体检来判断。众所周知，体检一定涉及很多指标，包括血常规、肝功能、耳鼻喉等多个维度的多项指标。体检的各项指标就好比素质模型，只有各项指标正常，才说明一个人是健康的。

二是企业没有搞清楚实施KPI的前提条件和边界条件就贸然采用（见图6-2）。企业在不同的发展阶段要选用不同的管理工具，不是别人做什么，你也可以做什么，要根据本企业的具体情况做出判断。企业规模不同，文化不同，所处的发展阶段不同，管理体系不同，员工素质不同，企业所选择的管理工具也应不同。如果一个企业规模不够大，正处在创业阶段，没有人才，没有管理体系，那么它是不能搞KPI的。从案例中可以看出，W公司显然还不具备实施KPI的基础条件。

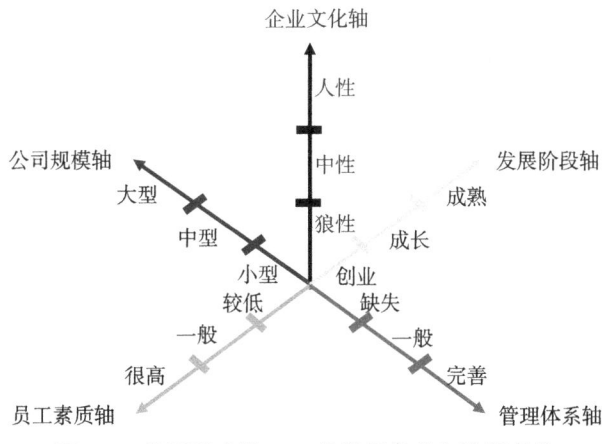

图6-2　搞清楚实施KPI的前提条件和边界条件

三是当初设计 KPI 的时候，公司内部并没有量化的标准，所以无法用 KPI 进行打分。就像诊断新冠肺炎一样，如果没有明确的阳性和阴性的标准，医生就无法诊断。凭感觉给部下打分显然有失公允，如果演变成从人情的角度、从平衡关系的角度去打分，就完全背离了初衷。

四是每个月公司各级管理人员都会动用大量的人力物力进行统计分析。案例中，小王让大家填写大量的表格，导致公司的工作效率大大下降，员工满意度下滑，企业变得越来越"内向"，大家都不务正业，被 KPI 牵着鼻子走。

五是 KPI 再好，也仅仅是绩效考评的一部分，而不是全部，千万不能以偏概全，不能用 KPI 来代替绩效考评，KPI 必须与流程管理相结合，与素质模型相配套，以辅导机制做支撑，否则就是空中楼阁。一旦变成各个部门自己设定 KPI，一切围绕着 KPI 转，各部门之间没有联系，甚至出现相互矛盾的 KPI，就会驱使着大家走向"各扫门前雪"。

如何才能有效地考核销售经理，激励销售经理呢？首先，绩效考核的目的是帮助大家成长，让大家定期与完美的自己去对标，看看自己在哪些方面还不够完美；其次，考评与辅导要结合起来，每一周或每两周辅导一次，通过辅导及时发现部下的问题，帮助部下成长，而不是等到年底，秋后算账，让员工觉得上司不负责任；最后，销售经理的考评与销售人员的不一样，因为销售经理是管人的，是带团队的，所以好领导的标志与好员工的标志不一样，销售经理的绩效考评有销售经理的素质模型（见表6-3）。

表 6-3　销售经理的素质模型

素质要素	根据本企业特点给出基本定义	超越期望	达到要求	有待改进
目标设定与资源配置			√	
计划与预算管理				√
标准化与流程设计			√	
员工辅导与训练			√	
团队打造与领导力		√		
判断与应变能力		√		
检查与监督			√	
善待员工				√
沟通与宣传贯彻			√	
协调与攻关		√		

我们来看看优秀的销售经理应该在哪些方面表现出色。

1.目标设定与资源配置。作为销售经理，必须具备引领团队的能力，包括设定基本目标和拔高目标，激发团队的斗志，并根据目标去配置资源，缺什么补什么。

2.计划与预算管理。目标确定了，就要有实现目标的计划，要编写可以操作的剧本，要有明确的时间、动作，并根据计划来管理预算。

3.标准化与流程设计。销售经理的工作是梳理最佳管理实践，把个人的智慧变成集体的智慧，将优秀员工的成功经验转化为流程，形成规定动作。

4.员工辅导与训练。销售经理必须定期辅导部下，帮助员工发现问题、解决问题。这是提高员工水平的关键，可以让员工少走弯路、快速成长。

5. 团队打造与领导力。销售经理要营造积极向上的工作氛围，让团队成员互相信任、互相支持，成为员工心目中的主心骨。

6. 判断与应变能力。商业环境复杂多变，销售经理必须具备应变能力，及时做出判断和决策，面对突发事件能理性地处理，有策略地应对。

7. 检查与监督。销售经理布置工作时必须耐心、细致，把工作要求和交付物讲清楚，让部下知道为何做，做到什么程度，以确保执行到位。

8. 善待员工。销售经理作为教练，其成败取决于部下的成败，能否善待员工、关心员工、激发员工、赋能员工，才是衡量教练水平的关键。

9. 沟通与宣传贯彻。销售经理在公司内部扮演上传下达的角色，需要及时将公司的战略、改革举措等信息及时传达给部下，让大家理解公司的意图。

10. 协调与攻关。销售经理要成为员工坚强的后盾，遇到员工自己难以解决的挑战时，要站出来协助部下、协调关系，危机面前有担当，敢"啃硬骨头"。

我们说，考评标准决定行为方式，这是管理哲学。一个企业如何考评管理者，就决定了管理者往哪个方向努力。如果绩效考评只看结果，管理者就只管结果；如果绩效考评兼顾结果与过程，管理者就会注重结果和过程；如果绩效考评看重人品和为人、处事，管理者就会注重人品和为人、处事。所以说，绩效考评是一个指挥棒，公司考评什么，大家就关注什么。

KPI仅仅是绩效考评的一个方面，是绩效考评体系中的一个工具，是特定时间段内企业最关注的关键指标，千万不能为了图省事而用KPI代替全面的绩效考评。全面的绩效考评一定是主观评价，是上级领导对直接下属的主观看法。对于销售经理来说，不仅要带领团队完成业绩，还要培养团队成员，这就需要管理者成为"十项全能选手"，每个方面表现如何，也有三个选项：超越期望、达到要求、有待改进。这样销售经理才知道自己的短板在哪里，下一年需要在哪些方面改进，明确努力的方向。

> **小　结**　绩效考评是经营人心的一个工具，是人性化管理的具体体现，必须有配套的人力资源管理体系做支撑，无法单独存在。

如何有效地实施360度反馈

某老板听说360度考评更客观，就在公司内部推广，轰轰烈烈地搞了一场360度考评运动，结果却走向了反面，出现了逆淘汰，表现一般的人评上了先进，表现好的却被淘汰，令人哭笑不得。

事情的经过是这样的，中等规模的X公司的老板非常有追求，为了把公司做大做强，花了很多钱去参加各类总裁班的培训。有一天，他听到培训师讲360度考评，觉得很有道理：一来可以对大家进行全方位的考评，更客观，更准确；二来可以促使团队成员互相合作，互相配合，形成良好的企业文化。于是，老板就让人力资源部门牵头负责，正式发布通告，明确每个部门将会被哪些部门考评，并要求用两个月的时间完成这项重要工作。

有一位省区经理小赵，销售业绩一般，管理水平也不怎么样，但是人很随和，特别擅长搞关系，平常跟各个职能部门的管理人员处得都比较好。自从公司宣布要搞360度考评以后，小赵抓住每一个机会请各个职能部门的经理吃饭，把招待客户的钱都用来请内部考评人员吃饭了。小赵认为努力拼搏一年，抵不上吃几顿饭管用，结果证明小赵是对的，360度考评结果一公布，小赵进入了前三名，春风得意。这样的结果更加强化了小赵的认知：要想得高分，就得这么干。

另外一位省区经理小张，属于比较实在的管理者，无论是销售业绩还是管理水平都不错。小张平时做事雷厉风行，廉洁自律，兢兢业业，但由于做事非常严谨较真儿，说话也比较直，工作中难免会得罪人。360考评结果一公布，小张的得分居然是倒数第三名，他感觉非常委屈，自尊心受到了伤害，提出辞职。上级领导多次挽留，并承诺不会按照原来设定的规则降薪，小张依然觉得没有面子，屈辱地离开了公司。

这样的360度考评是你们想要的吗？肯定不是。为什么看似很好的一种方法，反而对管理团队造成了伤害，导致优秀的管理者离职呢？

我们从三个方面来进行分析。

首先，老板不具备鉴别能力，很容易被他人左右，这是很多中小企业老板的真实写照。本来应该是360度反馈，却被培训师改成了360度考评，为什么会这样？因为讲360度考评的培训师没有在规范化的大企业参与过360度反馈，他们的知识体系都是靠看书、听课、做摘抄建立起来的，他们自己根本就不知道360度反馈到底是怎么回事。

其次，很多企业把360度考评变为了公开透明的运动，事先每个人都知道谁将参与自己的考评，结果可想而知，那就是引导大家拉关系，谁参与考评，就找谁公关，这与360度反馈客观、公正的管理哲学背道而驰，也与实施360度反馈的方法格格不入，必然误入歧途。这种公开透明的考评方式，扭曲了人与人之间的正常关系，最后的结果往往就是违背初衷的逆淘汰。上面案例中小张就是牺牲品。

最后，很多企业都把360度反馈错误理解为"群众评议"，通过"群众评议"来决定一个人的得分，这助长了管理者推卸责任的不良之风。管理者会把打低分的责任推卸给其他人，对部下说："不是我不想给你高分，而是其他人不给你高分，我也没有办法。"这会让员工感觉这个公司的同事阴险狡诈，人人自危。

那么，360度反馈该怎么做呢？

首先，我们要把360度反馈的定义说清楚，"360度"是指来自各个方向的人参与，"反馈"是听取大家的意见。要知道反馈与考评有着本质的区别，反馈是管理者为了给部下做出准确的考评，征求别人的意见，防止自己存在偏见，而考评则是要求其他人直接参与打分,成了评判者。

当初设计360度反馈的时候就是希望每个人都要有敬畏之心,做事不能只顾自己,不管别人,要有大局意识和集体观念。因此基于这个目的,360度反馈必须是随机取样,而且是静悄悄地去做,每个人都不知道自己的上司会邀请哪6个人参与自己的360度反馈。

6个反馈人,包括2位上级、2位平级、2位下级(见图6-3)。既然每个人都不知道谁会参与自己的360度反馈,那么要想得到别人的夸奖和正面的反馈,就只能尽自己最大可能去帮助他人。因为谁也不知道哪块云彩会下雨,所以"帮别人就是帮自己"这句话才有意义,大家才会欣然接受。

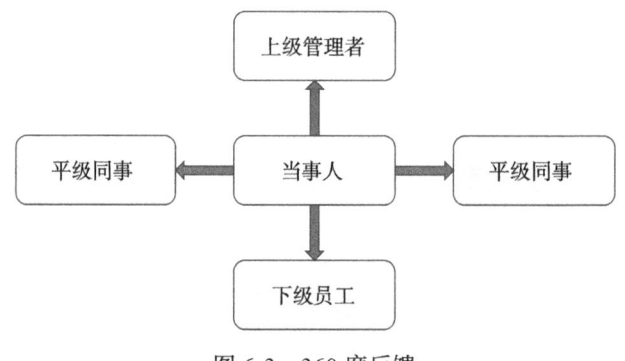

图6-3　360度反馈

其次,给部下做考评是每个管理者的职责,需要对结果承担100%的责任。360度反馈仅仅是为了验证管理者自己的某些认知,所以每年管理者给部下做年度考评之前,都会发出6份调研表,由于每年想验证的内容不一样,所以问题就不同。管理者根据自己对部下的了解,针对自己拿不准的几个方面,从别人那里得到反馈和证实，而且是从三个不同的维度获得反馈，包括上级、平级、下级，这才是360度反馈的本意。管理者面对部下做考评时，不可以说是别人这么认为，必须说是自己这么认为，要对考评的内容和结论承担全部的责任。

最后，360度反馈绝对不可能量化打分，千万不要被误导。360度反馈的内容肯定是五花八门的：比如你认为某某员工在哪些方面给你留下了深刻的印象，哪件事情令你刮目相看，值得你学习，请讲出一个具体的案例；比如你认为某某员工在哪些方面还有改进的空间，你会给出什么样的建议，并以你观察到的事实为依据；比如某某员工是否有大局意识，能否站在公司的立场看问题，通过具体的事例来陈述你的观点；比如某某员工是否乐于助人，愿意将自己的知识、技能传授给其他同事，帮助大家一起成长，有什么具体的行为；比如某某员工的工作态度是否严谨，能否做到言而有信，使命必达，只要承诺别人的事情，一定会按时出色地完成，是不是你心目中很靠谱的那种人，通过具体实例来说明；比如某某员工的专业知识、实战技能、管理理念是否让你佩服，你是怎么了解到的，哪些行为给你留下了深刻印象；等等。

对于不熟悉360度反馈的管理者来说，可以参照表6-4中的问题来征求其他人的意见，通过实战，再不断完善内容。

也许你会想，如果绩效考评是顶头上司的主观评价，那么如何保证公平公正呢？我们前面讲过，在年度绩效考评这件事上，除了有当事人和上司以外，还有一个人会介入，那就是上司的上司。作为绩效考评的审核者，他要看部下给他的下属做的每一份考评，尤其会关注被考评员工的个人意见，一旦发现员工的个人意见话里有话，就可以启动越级申诉程序，直接找员工面谈，做考评的人马上就成了"被告"，这就形成了一种制约。

表 6-4　360 度反馈参考

1	你认为张三的行为是否与公司提倡的价值观一致，举例说明
2	你认为张三是否有大局意识，能否站在公司的立场看问题，举例说明
3	你认为张三是否乐于助人，愿意将自己的知识、技能传授给其他同事
4	你觉得张三的工作态度是否严谨、言而有信、说到做到，是不是靠谱的人
5	你觉得张三的专业知识、实战技能是否属于中等偏上水平，举例说明
6	你认为张三在为人、处事方面表现如何，是不是受人尊敬的好员工
7	你认为张三在哪些方面给你留下了深刻的印象，令你刮目相看，值得你学习
8	你认为张三在哪些方面还有改进的空间，以事实为依据，并给出具体建议
9	你觉得张三的计划性如何，做事是否有条理，工作安排是否得当，能否从容应对
10	你觉得张三在团队合作方面表现如何，是不是一个给团队加分的好人
11	你觉得张三的组织和协调能力如何，是否具备影响力，让大家口服心服
12	你认为张三敢不敢做出艰难的选择，遇到事情是优柔寡断还是当机立断

另外还有一种保证公平公正的方法，仅适合规模大于 100 人的企业，那就是交叉对比大排队，要求 50 人以上的大部门必须满足正态分布规律（见图 6-4），不够 50 人的部门要跟其他部门合并起来统计。

所谓满足正态分布规律，就是在一个组织里，得 3 分（满分为 5 分）的人应最多，一般在 50% 上下，得 2 分的和得 4 分的人分别在 20% 左右，得 1 分的和得 5 分的人不允许超过 5%，甚至可以是 0。如果有人得了 1 分或者 5 分，这个人的上级领导就必须在交叉对比大排队会议上向其他管理者陈述理由，并接受他人的质询，如果大家觉得打分不合理，就会要求修改。

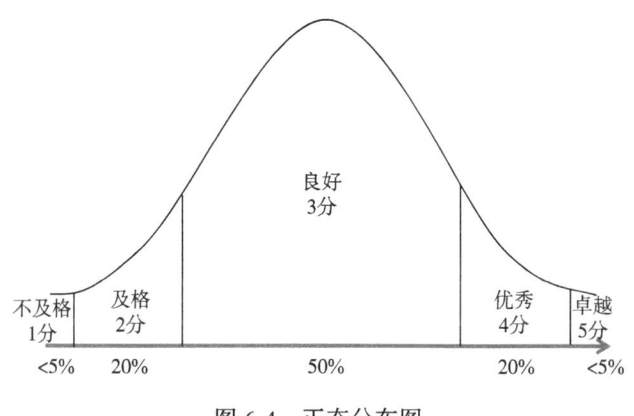

图 6-4　正态分布图

总之，360 度反馈用好了，对企业的健康发展大有好处，用不好，就会造成伤害，所以务必慎重，一定要搞清楚背后的逻辑，才能付诸实施。不管公司规模大小如何，属于什么行业、什么阶段，都可以采用 360 度反馈，这样管理者可以更准确地了解自己的部下，关键是明白 360 度反馈不是让别人来打分，而是征求他们的意见，验证管理者自己的认知。比如，我觉得某个部下责任心不强，就要通过 360 度反馈去验证，看看其他人是否也这样认为，有没有真实的案例做支撑。千万不要把 360 度反馈变成 360 度考评，避免出现逆淘汰现象。

> **小　结**　千万不要把 360 度反馈理解为 360 度考评，这是截然不同的两件事，一旦理解有误就会跑偏，就会给企业带来伤害，导致逆淘汰。

如何有效地实施末位淘汰

2002年秋天,我作为嘉宾参加中央电视台二频道《12演播室》的节目录制,与一位学院派教授辩论"末位淘汰"的话题。那位教授的观点是"末位淘汰制"很不科学,而我的观点是末位淘汰合理又有效,但是有前提条件。我们俩唇枪舌剑,辩论得不亦乐乎。这期节目播出后,在社会上引起了强烈的反响,后来《12演播室》把多期节目的内容编辑成书,取名为《立场》,正式出版(见图6-5)。

图6-5 关于"末位淘汰"的辩论被收入《立场》

Y公司为了给销售人员施加压力,鼓励大家好好干,决定采用当下流行的末位淘汰制,规定"每个月业绩排名倒数三名且没有业绩的销售人员将会被淘汰",但是真正实施时发现根本无法操作。

Y公司实施末位淘汰制的初衷是新进来的销售人员不能白拿工资,必须马上带来业绩,如果一个月没有业绩,就要被扫地出门。

但这种简单粗暴的想法很难落地执行，因为"上有政策，下有对策"。小王当月的业绩排名是倒数第三名，但是他签了一个小单，公司想淘汰他，他就不干了，说："不是说好有业绩就不淘汰吗？"公司高管商量后，觉得小王说的也有道理，于是就改了规则，"只要当月有业绩就不淘汰"。新规则出台后，所有销售人员到月底都有了业绩，随便找人签个小单，然后再退单，看似很严格的制度就这样被瓦解了。

3个月的销售旺季刚过去，上个月的销售亚军小李这个月居然一个订单也没有，按照规定应该被淘汰，可是大家觉得小李非常上进，工作也很努力，这么好的员工怎么能被淘汰呢？公司好不容易把他培养起来，前几个月一直业绩不错，毕竟市场存在很大的不确定性，偶尔一个月没有订单就淘汰，好像也不合理。于是，高管又召集几个销售经理开会，决定再次更改规定，只要过去半年业绩在50万元以上的就不会被淘汰。

就这样，一个末位淘汰制在半年内改了一次又一次，不仅没有达到当初的目的，还导致员工普遍不满，大家想尽一切办法蒙混过关。这是很多企业草率推出一项制度后经常会发生的现象。问题到底出在哪里呢？我们从三个方面来分析。

首先，制度设计太草率，高管们根本没有搞清楚末位淘汰是怎么回事，就凭着自己的想象和理解去实施，过于自负，缺乏敬畏之心。末位淘汰必须同时满足三个条件，那就是排名垫底、业绩不达标、表现不好（见图6-6）。如果只看排名或者业绩，那就跑偏了。其次，任何制度的出台都需要事先征求员工的意见、接受大家的质询，而不是管理层闭门造车，然后发布、实施，否则必然会出现"上有政策，下有对策"的情况。最后，根据每个月的销售业绩这一项指标进行末位淘汰是急功近利的表现，在没有全面的绩效考评体系之前，是绝对不能搞末位淘汰的。

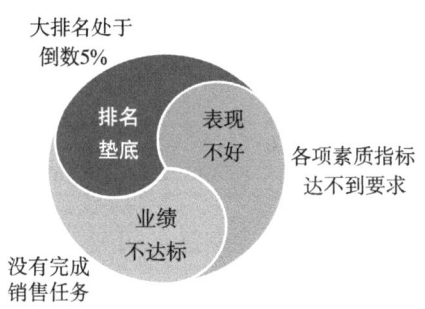

图6-6　末位淘汰的三个条件

我们首先来看看为什么要实施末位淘汰。一家公司里面最可怕的事情，就是有人不好好工作却照样拿工资，导致其他人觉得不公平，最后相互攀比，形成"负激励"，这就是人们常说的"一颗老鼠屎坏了一锅汤"。不对表现不好的员工进行处罚，就是对好员工的惩罚，结果就是逆淘汰，整个公司就会这样慢慢地被腐蚀。

但是，实施末位淘汰必须慎重，只有在迫不得已的时候才能实施，就像切除人身上的肿瘤一样，实在不得已的时候才会做手术，否则，必然大伤元气，甚至病人的性命都难保。另外，即使是末位淘汰，也要尊重员工，因为被末位淘汰的那些人，未必都不能干，也许他们只是不适合某个公司的环境而已。所以说，公司可以辞退一个人，但不可以否定一个人，这是末位淘汰的基本原则。

末位淘汰如何才能做到客观公正呢？

首先，只有绩效考评得 1 分的员工才有可能被淘汰，而每年全公司绩效考评得 1 分的人在 0 到 5% 之间，所以是针对极少数人。如果某位员工的绩效考评得了 1 分，那么他自己肯定是心中有数的，在这种情况下，上司在与该员工沟通时会很明确地告诉他，在未来的几个月里有几条路可以选择。一是在规定的时间内改变工作态度、工作方式或有重大问题的方面，达到公司的基本要求。二是改换部门，如果员工认为是跟上司合不来，或者与本部门同事合不来，导致没有业绩，那么可以调换到其他部门去。三是降级使用，当员工觉得现有的工作岗位要求太高，自己无法胜任时，或者这段时间自己家里有重要的事情，可以选择低级别岗位，因为岗位级别越低，要求自然也越低。不管选哪一条路，员工都要表现出认真的态度，承认目前存在的问题，愿意按照公司的要求去改变自己。如果经过一段时间之后，员工的表现还是跟以前一样，让管理者和周围的人看不到什么希望，该员工就有可能进入末位淘汰的行列。

末位淘汰具体如何操作呢？我曾经亲自参与过一次末位淘汰的全过程。那是 2001 年的秋天，全公司绩效考评得 1 分的员工得到通知，在第二天的指定时间到某某会议室开会。人力资源部事先做好了准备：每个员工都会在面谈时收到一套文件，包括裁员通知、补偿金的计算，以及公司给他们提供的各种机会和各种服务内容。每个面谈小组都必须由三个人组成：一位高管、一位人力资源部专员、一位法务部经理。

我们跟每个被末位淘汰的员工都是面对面、小范围地沟通，而不是开大会，每人沟通差不多 1 小时，员工进来后，首先要肯定员工的工作以及过去为公司做出的贡献，然后告知员工他被列入了裁员的范围，接下来就是听取员工的意见。给我印象最深的有两个员工，一个员工在接到裁员通知时正好赶上客户打来电话，那位员工说："我正在开会，明天上午给您把报价单发过去。"我当时想，一个已经被通知辞退的员工还在想着为公司做生意，多么难得。另外一个员工接到裁员通知后，情绪非常激动，他说："我的业绩不好是事实，可是在过去的两年里，给我换了三位上司，每位上司都有不同的要求，我刚适应了这位上司的要求，就又换人了，难道都是我的责任吗？"虽然员工的抱怨有道理，但是得了 1 分还是会被淘汰，没有其他选择。

末位淘汰多长时间进行一次合适呢？绝对不能每月一次，或者每年一次，要间隔相当长的周期，我在中国惠普公司工作了 15 年，只经历过两次末位淘汰，因为过于频繁的末位淘汰会使很多人有严重的危机感，无法安心工作。但是有些企业在引入末位淘汰制度时过于草率，在没有真正理解其含义，也没有掌握其要领的情况下，凭着自己的感觉，想当然地按照自己的理解去做，打击面过大，失去了末位淘汰的意义，甚至走向了反面。

为了防止意外发生，当初我们在末位淘汰通报的过程中，事先通知了公司的医务室，临时增加了外聘的医生，让他们做好准备，以防有些人心理上接受不了，或身体上出现突发状况。另外，公司还请来了心理医生，专门为那些想不开的被裁员工进行心理辅导。除此之外，公司还邀请了两家猎头公司进驻公司一周，为被裁员工提供咨询服务，帮他们找到新的工作。这样一来，没有一个人带着怨恨离开公司。

当然，前面我们讲过，凡是绩效考评得 1 分的和得 5 分的，都必须经过交叉对比大排队来核准，这是配套的监督约束机制，确保被淘汰的一定是公司管理层公认的得 1 分的不合格员工。总之，末位淘汰是一个管理工具，管理者一定要知道背后的逻辑和玩法，才能使用。

前面，我们介绍了 KPI、360 度反馈、末位淘汰等管理工具的使用方法，也许会颠覆很多人对绩效考评的认知。过去这些年，我辅导了数百家中小企业，逐步把他们从急功近利的状态拉回到追求长远利益的正路上来，通过设计以经营人心为导向的人力资源体系，理顺绩效考评与其他板块的逻辑关系，使很多企业成为细分市场的主导品牌。

总之，没有动态岗位责任书[一]，就没有考评的依据；没有素质模型，就没有考评的内涵；没有清晰的战略，就无法设置 KPI；没有 360 度反馈，就无法兼听则明；没有交叉对比大排队，就无法保证公平公正；没有 1 至 5 分的正态分布，就无法实施末位淘汰；没有与考评直接对应的薪酬调整机制，就无法形成闭环。

[一] 动态岗位责任书指包含握手关系和相互承诺的岗位责任书。过去，传统的岗位责任书只写自己负责做什么，不写对其他职能部门的承诺和义务，我们称之为静态岗位责任书。

小　结　企业不管引进什么管理体系或管理概念，一定要慎重，务必先把背后的逻辑搞清楚。就绩效考评来说，一定要先设计好本企业的考评表格，尤其是素质模型，按照管理者、销售人员、其他员工三种类型分别设计，让每个人都清楚公司对大家的期望和要求。

第七章

过程管控，有效监督

如何有效地实施过程管控

Z公司的销售人员整天在市场上跑,一年回公司一次,平常跟上司电话或微信沟通,大家都很开心,销售人员过着自由自在的生活,从表面上看,Z公司这样做的运营成本很低,可是一年下来发现并没有节省成本,因为业绩没有达标。

为什么会这样呢?最初设计制度的时候,老板希望销售人员每月回一次公司述职,公司检查其工作进展,但是销售人员说每月来回跑把时间都浪费在路上了,影响业务开拓,还浪费交通费用,没有这个必要。老板一听觉得有道理,就同意了大家的建议,改为要求销售人员每年回一次公司,并要求大家每日写日报,每周写周报,但是又遭到了销售人员的集体抵制,说公司要的是结果,何必搞日报、周报那些花拳绣腿,没有实际意义。老板一想,似乎也有道理,既然这样,就不用写报告了,反正销售人员的底薪很低,有业绩才给提成,没业绩就不用给,做不好,销售人员自己吃亏。

Z公司老板觉得这样做可以一举三得,既能降低交通成本,又能让大家集中精力做业务,还不用老板操心。员工觉得这样做也是一举三得:时间自由了,不用打卡汇报;找个理由或借口就能把领导糊弄过去;既然底薪不高,那就另谋出路,想其他办法赚钱。

有一次,销售人员小王带着一个潜在大客户到公司参观,公司上下非常重视,老板亲自出面招待,本以为这次能拿到一个大单。可是,晚上吃饭的时候,老板刷朋友圈时意外地发现,小王带着潜在客户从自己公司走了以后,就去了另外一家竞品企业,还与竞品企业的老板一起合了影。老板请人做了一番调查才发现，小王原来是一个"双面间谍"，同时为两家公司工作，拿两份薪水，左右逢源，不管客户选择买哪家公司的，他都能拿到提成。

再进一步调查发现，这已经成为公司内部销售人员普遍的"玩法"。为了满足客户方采购人员的需求，销售人员经常提出让公司做定制化非标产品，以降低价格透明度，但是这类订单往往是时间紧、任务急。销售人员便找出各种借口让研发设计人员加班加点赶工，图纸设计出来后，销售人员不仅把设计图纸和报价给了客户，同时还转给了另外一家竞品企业，让对方也报价。由于竞品企业没有固定销售成本和前期设计成本，所以竞品企业的报价更低，给销售人员的提成更高，结果Z公司成了替别人做嫁衣的企业，这就是"明修栈道，暗度陈仓"。

从这个案例中我们可以得出什么结论？首先，制度设计必须征询执行者的意见，老板和高管不能自作主张，否则就容易出现"上有政策，下有对策"的现象。其次，老板不愿意花时间去引导销售人员，不愿意花钱去培养销售人员，总想图省事，表面上员工不回公司可以省钱，实际上员工不知道怎么做，做不出业绩来，最终还是赔钱的。再次，职业道德规范缺失，公司没有明确规定哪些事情可以做，哪些事情不可以做，更没有跟销售人员签订书面协议，比如不可以同时为两家企业服务，才造成了"双面间谍"的存在。最后，没有监督约束机制和过程管控，团队的管理处于"放羊"状态，销售人员没有归属感，成了散兵游勇，时间久了就成了无法无天的"混混"。

但是，简单粗暴的管控措施又会伤及无辜。我给大家讲一个真实的故事。AA 公司接受了我推荐的综合绩效考评理念，不仅看业绩，还看过程。由于上百位销售人员分布在全国各地，为了加强管控，公司要求销售人员每天必须写日报，向公司汇报拜访了哪些客户，做了什么事情，取得了什么结果。这样做的初衷是掌握每个人的工作情况，但是实际操作中出现了问题。面对上百位销售人员，每人每天一份日报，怎么管理呢？于是公司专门雇了两个文员做销售内勤，负责收集、整理、评判每个销售人员的日报，给每个销售人员打分。由于这两个文员不懂业务，也没有做过销售，所以仅能凭自己的感觉给销售人员打分，看谁的日报写得精彩。我们在前面讲过，考评标准决定行为方式，慢慢地，销售人员找到了窍门，把心思用在了编故事上，因为谁的故事讲得生动，谁就能得高分，就能拿到更高的绩效工资。

有一天，销售总监告诉我，团队不稳定，销售人员流动性很大，连去年绩效考评全年综合第一的销售冠军都离职了。看来 AA 公司的管控制度出了问题，我就跟销售总监说，我要亲自做访谈，跟那位已经离职的销售冠军面对面谈谈。销售冠军来到我公司之后，我们俩就开始聊天，其实这个销售冠军很有思想，也很上进，的确想做点事情，可是公司的管控措施让他不开心。

我请他具体讲一下，到底哪里让他不开心了。他说，每天除了跑市场，还要应付公司里那两个不懂业务的销售内勤文员。报告写得不精彩，得分就低，没有绩效，怎么办？后来他就减少跑市场的时间，每天下午待在住处编故事，由于他的文学功底还不错，故事编得很生动，跌宕起伏，结果考评分就上去了，到年底他的考评总分得了第一名。但是回过头来一想，销售人员不把精力放在做业务上，整天待在住处编故事就能得高分、拿高薪，这是什么逻辑！再往远处想一想，时间长了，自己可能就废了，成了"写小说"的人。于是，他找了一个要家庭团聚的理由离职了。

那么，如何才能有效地进行销售管控呢？我给大家三个建议。首先，不要把单个销售人员放在一个城市做业务，因为销售人员会感到孤立无援，一个人孤军奋战，自生自灭。企业一定要想清楚，要么不要进入一个城市，要么就是派一个团队去一个城市攻坚，这个团队至少由6个人组成，由1个有经验的销售经理带着5个销售人员开拓一个城市。

其次，销售经理必须是明白人，知道如何开拓市场，如何培训、辅导部下，如何跟客户沟通，能把他的经验传授给销售人员。销售经理每周一次与每个销售人员面对面沟通，每次至少半天时间，最好一天时间，看看上一周销售人员都做了什么，哪些有效，哪些无效，走访了哪些客户，跟谁谈的，谈了什么，对方怎么说，有什么进展，有什么困难，卡在什么环节，需要采取什么措施，下周的工作重点是什么。这样一来，销售经理就清楚地知道了每个销售人员工作中存在什么问题，进展如何，以便及时给出各种建议，化解难题，指导销售人员成长，做出更好的业绩。关于辅导的内容，我们在前面已经讲过，这里就不再多讲了。

最后，必须给销售人员划分地盘，把5个销售人员按照行业、应用、客户类型、地域进行划分，每个销售人员都有自己的地盘，负责一批潜在客户。这个地盘的划分就取决于前期的市场调研。通过市场盘点，把所有的潜在客户都罗列出来，形成一幅市场地图，让每个销售人员都清楚地知道在某个城市里有多少潜在客户，这是任何一家 B2B 工业品销售企业进入一个新城市之初都必须做的先期工作。唯有这样才能知道目标客户在哪里，有多少家，潜力有多大，再根据购买力对客户进行筛选排名，最后把客户信息录入销售漏斗里，销售经理每周一次以面对面沟通的方式与销售人员一起检查销售漏斗，从而掌握每个潜在客户的情况。

> **小　结**　企业不要试图用日报、周报来代替面对面沟通，否则很容易误入歧途，变成做官样文章，更不能放任自流，不管不问。只要企业善用销售漏斗这个工具，就能从根本上解决销售团队管控的问题。

如何防止销售人员瞒天过海做私单

几年前，P 公司的老板在聚会时见到了老同学 Lily，Lily 刚从国外归来，清新脱俗，智慧优雅，有交际手腕，吸引了同学们的目光。在交谈中这位老板发现 Lily 还没有正式的工作，就邀请她加盟，一起打江山，Lily 很爽快，双方一拍即合，可是 Lily 来了公司还不到

2年，就因为做私单被老板辞退了。

事情的经过是这样的：Lily加入P公司之后的最初几个月，在网络部做文案编辑工作，主要目的是熟悉环境和业务。几个月之后，老板觉得差不多了，就把Lily调到了业务部去做销售，老板心想，有这样一位智慧优雅的美女业务员，什么样的客户都能搞定，谈业务就不用发愁了。因为P公司属于工程服务类企业，每年只做几十个大项目，每个项目的规模小则几十万元，大则上千万元，是典型的大客户销售，所以销售人员的沟通谈判能力至关重要。过去是老板亲自做销售，现在有了这样一位销售人员加盟，老板就轻松了，总算有人可以搞定那些难缠的客户了。

Lily做销售工作2年后，遇到这样一个客户，客户方的一个项目总体造价在500万元左右，但是单价过低。Lily跟老板介绍了项目概况后，老板觉得利润空间太小，一旦做不好就会亏损，于是决定放弃。但是没想到，Lily却以个人的名义偷偷地接了这个活儿，也就是人们常说的"做私单"。因为单价很低，Lily只能偷工减料，结果完工后就出现了问题，一场大雨过后，顶子塌了，这下子麻烦大了。Lily知道自己搞不定了，只好向老板求助，也许是因为老同学的关系，也许是老板心太软，也许是其他原因，总之老板稀里糊涂就答应Lily私下里找其他公司的人帮忙，协助Lily渡过难关。

对于Lily做私单这件事情，老板很伤心，为了保全Lily的面子，老板让Lily主动提出离职，并未告诉其他员工是因为做私单。老板本以为自己的善意能促使Lily知错就改，但是意想不到的是，

Lily离职后利用自己在职时获取的一些潜在客户信息，开始"挖墙脚"，一年下来接连抢走了P公司好几个大客户，成了让公司很头疼的竞争对手。毕竟Lily在公司做了几年，对P公司的产品、设计都很熟悉，对价格政策和投标策略也都很清楚，所以Lily一出手，搞得P公司老板很被动。Lily人很精明，她走的是轻资产路线，即外包策略，她自己擅长交际应酬，所以仅负责拉生意，然后把活儿委托给设计公司和施工队。最令人奇怪的是，Lily的外包合作伙伴居然有P公司的设计人员、P公司的施工队，而P公司老板却毫不知情。

这个案例其实说明了三个问题。一是P公司老板招人太感性，看到一个人感觉不错，就马上录用了，没有签订任何书面协议，员工不知道什么可以做，什么不可以做，所以踩了红线自己还不觉得有错。关于这个问题，在第一章我们已经讲过，大家不妨回过头去看看，很多工作都要前置。二是P公司的管理混乱，没有规矩，销售与设计、设计与施工之间的对接没有流程，每个项目该如何立项、审核、检查、通过，没有制度和流程做保障，存在很多漏洞，容易让人钻空子。三是老板高高在上，做事太马虎，缺乏对每个项目的基本了解，放松了对团队成员的管理。很多问题其实早就可以看出苗头，除了Lily这样的销售人员，其实设计部、施工队一直都有人在接私活，但老板要么是视而不见，要么是不清楚，所以大家的胆子越来越大。

面对这样的难题，该如何解决呢？我给大家三个建议，明确事先做什么，事中做什么，事后做什么。

第一，入职培训时，必须丑话说在前面，让每个销售人员都必须签署职业道德规范，知晓业务经营准则，让大家清楚地知道底线和红线是什么，哪些事情绝对不可以做。

如表 7-1 所示，这是某企业业务人员的"十大天条"，一旦员工违反了其中任何一条，就会受到严厉的处罚，甚至要承担法律责任。不能接受的人，就不要进来，因为不愿意守规矩的人，进来了也是麻烦，所以这"十大天条"就是试金石。守规矩的人，不会想着去搞歪门邪道，所以白纸黑字地签字承诺没有任何问题，这属于事前管控。但是，会不会有员工不想签呢？只要你公司的薪水和福利待遇是有竞争力的，只要你公司的销售佣金制度是有吸引力的，只要你公司的发展前景是向好的，只要员工对自己的个人发展和收入预期是看好的，员工就会选择签字认可，因为他们会珍惜这个机会。

表 7-1 业务人员的"十大天条"

序号	各种不被允许的行为	面临的处罚
1	严禁销售人员绕过公司做私单、飞单，或通过其他相关机构谋取利益	开除处理
2	严禁销售人员脚踩两只船，同时服务于两家有竞争关系的企业	给公司造成损失者，需要赔偿经济损失
3	严禁销售人员以次充好、偷工减料，侵害客户的利益，影响公司的声誉	
4	严禁利用职务之便，将公司的客户信息、竞争战略等信息泄露给竞争对手	
5	严禁以各种名义、手段向用户索贿，或向用户行贿，不管金额大小	

(续)

序号	各种不被允许的行为	面临的处罚
6	严禁跨区抢单、串货,或将产品销售到公司暂时没有计划进入的区域	违反法律法规者,送交司法机关处理
7	严禁以个人银行账户、微信账户、支付宝账户接受客户的任何货款	
8	严禁将公司的管理制度、激励机制、工作流程、福利待遇外泄给任何人	
9	严禁在销售漏斗中有意作假,填报不真实的数据,误导企业的判断	
10	严禁借着为公司着想、为公司谋利的名义从事任何违法乱纪的活动	

第二,销售人员入职后,所有的潜在客户、准客户、老客户都必须出现在销售漏斗里面,没有出现在销售漏斗里面一周以上的客户不允许下单。换句话说,在每周一次的销售漏斗检查过程中,客户信息必须出现在里面至少一周才能下单。有人可能会说,万一遇到天上掉馅饼的情况,突然冒出来一个大单怎么办?那就特事特办。这种情况需要上级领导介入,搞清楚是怎么回事,为何大客户的大订单会突然冒出来。当然,如果大家按照我们前面讲过的,已经做过了市场盘点,也有了市场地图,并形成了销售漏斗,那么出现漏网之鱼的可能性很小。销售漏斗属于事中管控,这样做主要是为了防止销售人员藏单、做私单、隐瞒客户信息、脚踩两只船等。

第三,不管公司规模多大,每年最好请外部专业人士做一次内部审计,看看每个部门是否按照规矩和流程办事,这属于事后管控。审计人员不管规矩对错、流程对错,只看大家是否按照规矩和流程去做了。当年我担任市场总监时,被内部审计抽查过两次。审计人员坐下来跟我聊天，问我过去一年都做了什么，是怎么做的，并顺着我说的话，要求我拿出证据来。第一次审计时我吓得直冒汗，一着急很多资料都找不到了。审计人员客气地对我说，不用着急，慢慢找，他们可以在旁边等 5 分钟。过了 3 分钟，我总算想起来资料放在哪里了，拿出证据来给审计人员一看，也就过关了。从那以后，我学会了对所有文件都进行归类，做明显的标签，几年过后再次被抽查时，很容易就过关了。没有问题的人，不管怎么审计都不怕，而有问题的人麻烦就大了，只要没有按照流程做，每项花费没有适当的人按照时间顺序签字，就会被抓住。通常情况下，内部审计采用五级打分制：合格、建议、警告、严重警告、不合格，如表 7-2 所示。一旦出现审计不合格，当事人和顶头上司就都可能面临"下课"。对于企业来说，做内部审计就是借助外部专业人士的细致帮助老板发现问题。当然，做内部审计有一个前提，就是企业要有签字审批流程。

表 7-2　内部审计五级打分标准

合格	达到了公司的基本要求，不需要做任何事，保持现状即可
建议	属于值得关注的一些领域，目前还不是问题，需要引起重视，根据审计人员的建议，做适当的修正和调整
警告	属于比较轻度的问题，需要拿出对策，并采取措施及时解决，如果继续存在，将来有可能会恶化，导致严重问题
严重警告	属于严重的问题，必须马上采取措施，限期整改，下年度重点审计，如果没有改善，将会变成不合格
不合格	违反了公司的规定、制度、审批权限、工作流程，有人要承担相应的责任，需要对当事人做出严厉的处罚

> **小　结**　要想避免销售人员瞒天过海，就要有相应的制度和约束，绝对不能靠自觉。大家根据自己企业的实际情况，请各级管理者一起参与，做出一份"十大天条"，划出企业绝对不能容忍的行为红线，形成威慑。

如何防止销售人员离职时带走客户

几年前，Q公司聘用了一位有7年行业经验的资深销售人员小朱，他虽然不是来自竞争对手公司，但是服务于同样的企业客户，对行业市场很熟悉，有丰富的客户资源，入职后没多久，就成交了几个大客户。按照惯例，销售人员应该带着上司去拜访新客户，但小朱对上司说："这些客户都是我多年积累的资源关系，有些人虽然愿意帮助推进业务，却不希望公司这边有太多人介入，知道他们的情况。从减小风险的角度看，还是我一个人对接比较稳妥。"为了打消上司的顾虑，小朱还说自己服务的所有客户都是有备案的，订单也是通过邮件来确认的，公司随时可以去核查，不用担心。他说："再说，公司既然请我来做销售，就应当相信我才对，用人不疑，疑人不用，是不是？"上司一听这话，也不好再多说什么，毕竟小朱很能干，来了不久就带来了许多客户，只好迁就小朱。

有一天，Q公司的销售副总突然接到了长三角地区一个老客户的电话，说是他们新项目招标的时候，发现有一家供应商××公司提供的资质资料与Q公司提供的完全一样，连厂房照片、办公室环境都一样，觉得有点纳闷，想跟Q公司核实一下。销售副总让客户把资料发过来看看，一看吓了一跳，所有资料都是Q公司的，内容一字不改，只是改了公司名称和联系人。于是销售副总让人去查证，结果发现××公司的大股东就是Q公司的员工小朱。原来，小朱在Q公司工作期间，把长三角地区的客户信息偷偷地搞到了手，然后让××公司的业务人员去对接。因为××公司就是一个皮包公司，没有生产工厂，也没有办公楼，为了显得××公司很正规，是大公司，就拿Q公司的照片作为资质资料，结果露馅了。

在这种情况下，Q公司别无选择，只能辞退小朱。但是，由于前期没有任何人跟小朱负责的客户和潜在客户联系，过渡过程中遇到了很多障碍，导致客户抱怨，甚至丢失。另外，公司在长三角地区的业务，也由于小朱的不正当竞争，受到了影响，给公司带来了很大的损失。

从这个案例中可以看出，Q公司犯了三个错误：一是迁就销售人员，没有按照规定请相关人员介入客户服务，导致销售人员一手遮天；二是公司对客户信息保密工作不重视，随便一个业务人员就能把公司的客户信息拿走；三是没有交接就让小朱离职了，从而导致过渡过程中掉链子，丢失客户。

如何才能防止销售人员将客户据为己有，一旦离职就把客户带走呢？我给大家5条建议，只要你按照这5条去做，就会从根本上杜绝类似问题的发生。

1. 一个企业在进入一个新行业、新地域、新市场之初，要做的第一件事就是市场盘点，要把所有的潜在客户一个不漏地罗列出来，也就是我们常说的"扫马路"。要把马路扫干净，就要不留死角，这是基础性的地面工作。通过市场盘点，绘制出市场地图，将客户信息在公司存档，给销售人员指明努力的方向，去哪里，找谁谈，利用销售漏斗这个工具，把所有的潜在客户按照成功率25%的潜在客户、成功率50%的意向客户、成功率75%的准客户进行分类。上述三类客户一旦进入销售漏斗，销售人员就每周都要跟客户有互动，上司通过每周一次的辅导，检查销售漏斗的进展情况，就可以把客户信息牢牢地掌控在公司手中。

2. 为了帮助销售人员开拓当地市场，公司要有专门的市场部负责开展各种市场活动，比如技术讲座、直接邮寄、信息推送、展览会、媒体广告、文献资料、公共关系等市场宣传组合，大面积覆盖尚未进入销售漏斗的人群。通过市场宣传组合发现潜在客户，引导潜在客户，让他们主动找上门来，然后由市场部进行初步筛选，将初步沟通后的潜在客户转给销售人员去跟踪。三个月之后，销售人员必须对市场部转过去的所有潜在客户的进展情况进行汇报，从而形成闭环。销售人员只负责跟客户保持良性互动，至于公司的产品资料、促销信息、技术资料，均由市场部统一发给潜在客户和老客户。这样，所有潜在客户和老客户的信息都在公司的客户数据库中，即早期的客户信息中心（Customer Information Center，CIC），后来演变成了更全面的客户关系管理系统（Customer Relationship

Management，CRM），再后来就是现在流行的微信公众号、服务号等互联网服务平台。

多年前，我作为市场开发人员，负责举办全国巡回技术讲座，由各地的销售人员将市场部统一制作的邀请函发给客户，请客户参加我们的技术讲座。客户借此机会能接触到我们公司的很多人，包括技术人员和管理人员。讲座一般是多个城市先后举办，做完一个城市的讲座，市场人员和技术人员就去下一个城市做演讲，而当地的销售人员不动，只负责组织客户参加讲座，就像接力赛一样。

3. 对于B2B工业品企业客户来说，参与决策的往往不是一个人，而是四类人的组合，包括决策者、购买者、使用者、施加影响者。如表7-3所示，销售人员必须把所有信息都填写清楚，并每周与上司沟通一次，上司才能根据这个表里的信息给销售人员提出合理化的建议。为了确保全面覆盖这四类客户，也为了防止销售人员一手遮天，一般情况下，客户方的决策者由上级领导直接沟通和接触，购买者由销售人员沟通和接触，使用者由技术服务人员沟通和接触，施加影响者由市场人员沟通和接触。这样，即使销售人员离职了，还有三个渠道与客户有沟通和接触，销售人员要想把客户抢走，难度会加大很多。

4. 销售人员离职的交接过程，必须有一套规定动作（见表7-4）。所有已经成交的老客户以及销售漏斗里面成功率75%的准客户，都必须上门进行一对一交接，由即将离职的销售人员带着新接手的销售人员一起去见客户，离职的销售人员要亲自将接手人引荐给客户。那么你可能会想，如果离职的销售人员不配合怎么办？首先，公司

表 7-3　重点客户档案

	决策者	购买者	使用者	施加影响者
姓名 电话	张三 139××××××××			
职位 角色	总经理 最后拍板签字			
关注什么 在乎什么	性能 决策安全			
偏爱厂家 关系程度	××公司 3分			

表 7-4　离职交接原则

老客户	成功率75%的准客户	成功率50%的意向客户	成功率25%的潜在客户
离职人员与接手人上门交接	离职人员与接手人上门交接	离职人员打电话让接手人对接	接手人自己挨个打电话约见面
上级经理必须定期进行随访	上级经理必须与客户建立联系	上级经理必须每周研究一次漏斗	上级经理必须每周检查一次进展
客户信息必须在公司存档，并妥善保存	准客户信息必须在公司报备，确保归属权	意向客户信息必须在漏斗中出现，不得隐瞒	市场部必须掌握潜在客户信息，以便促进成交

要有明文规章制度，销售人员入职的时候就必须签字认可，并接受相关的培训，知道客户不是自己的个人财产，离职时必须交接，这样大家就不会有抵触情绪，这是思想层面的工作。其次，如果销售人员不配合，公司不会给销售人员办理离职手续、出具离职证明，而没有离职证明，很多正规的企业就不敢录用，担心产生劳动争议，这是行政手段的约束。最后，销售人员的佣金每个季度结算一次，如果销售人员没有完成老客户和准客户的交接，公司就不会给销售人员

结算最后一个季度的佣金，以及各种退休金、福利费、补偿金等，这是经济层面的手段。有了这三个方面的制约，销售人员就不得不积极配合，顺利完成客户的交接工作，大家好合好散。

至于销售漏斗里面成功率50%的意向客户，则需要由即将离职的销售人员与意向客户电话沟通，说明自己即将离职的情况，然后把电话交给新接手的销售人员，这样就不会断掉联系。销售漏斗里面成功率25%的潜在客户则由新接手的销售人员进行电话沟通，告诉客户原来负责的销售人员离职了，今后由自己负责为潜在客户服务，并尽快约好时间登门拜访。有了这套制度，客户流失率就可以控制在很低的水平。

5. 如果销售人员按要求办理了离职手续后，经过一个中间企业做跳板，最后还是去了竞争对手那里，代表竞争对手企业去接触老东家的客户，怎么办？这是很多企业都曾经遇到过的难题。首先，负责大客户、老客户的销售人员离职时，除了新来的销售人员要上门进行一对一对接以外，销售经理或销售总监也要尽快出面，与客户方采购人员的上级领导甚至公司更高层的人进行对接，表明公司对大客户和老客户的重视，感谢客户长期以来的信任。就算离职的销售人员把客户方的某个采购人员搞定了，采购人员也不敢擅自做决定，因为这样做可能给采购人员带来很大的麻烦，暴露两人之间的猫腻。因为上级领导一旦知道采购人员换了供应商，就会质问采购人员：过去一直采购某企业的产品，为何突然改为采购另一家企业的产品，背后的道理是什么？如果没有充分的理由，那么采购人员就是给自己找麻烦。所以客户被销售人员带走，是公司管控制度缺失导致的，不能责怪销售人员，需要在制度上做文章。

> **小　结**　任何 B2B 工业品企业，都需要针对客户方四类人的覆盖和关系水平做出客观理性的分析，这样管理层就能很容易看清楚问题出在哪里。

如何把优秀销售人员的知识固化下来

优秀的销售人员把自己的经验和智慧分享出去之后，自己的业绩没有提升，其他人的业绩却上去了，跟自己还没有关系，这让分享经验和智慧的销售人员很后悔，觉得好人没有好报，从此以后再也不教别人了。

这是一个真实的案例。小黄是一个资深的销售人员，经过自己多年的努力和历练，在大客户集采项目落地上他总结出一整套比较成熟的销售模式，中标率很高，赢得了客户的高度认同。为了把小黄的成功经验推广出去，CC 公司当时的省区经理就让小黄辅导和协助其他 4 个销售人员做好大客户集采项目的落地工作。小黄毫无保留地带领 4 个销售人员做了大量的服务工作，在甲方对接、样板确认、合同洽谈和签订、项目出货、项目结算等工作上取得了非常好的业绩表现，10 家大客户当中有 5 家都给予了 95 分以上的评分，为公司下一年度的战略集采续约奠定了良好的基础。

到了年底，小黄的努力和贡献却并没有在年终奖上体现出来。虽然小黄获得了入选公司"销售精英俱乐部"的荣誉，但是他觉得远远不够，付出与回报不成正比。从那以后，小黄再也不愿意帮助和辅导其他人了。他在跟好朋友交谈时说："我帮助其他人做了那么多业绩，却跟我毫无关系，做这件事占用了我大量的工作时间和休息时间，影响了我开拓新市场、新客户，导致我自己的业绩提升得慢了，全年收入也受到了影响。如果把辅导别人的时间用来开拓自己的客户，也许我就能获得更多的收益。"

从这个案例中我们不难看出，在 CC 公司好人没有得到应有的好报，反而吃亏了。大家想一想，如果是这样，你会愿意帮助别人、辅导别人吗？答案很显然，所以我常说："制度可能会把坏人变成好人，也可能会把好人变成坏人，设计激励员工向善的制度才是管理的核心，即通过制度设计，让员工为了个人利益的最大化而做善事，绝对不能让好人吃亏。"

怎么办？解决问题的举措有四项。

第一项举措是最简单、最直接的举措，即采用双份佣金制度。小黄和 4 位销售人员共同努力换来的业绩既算作那 4 位销售人员的业绩，也有部分算作小黄的业绩，这部分可以是 25%，也可以是 50%，具体根据贡献大小和那 4 个人的反馈意见来决定。只有这样小黄才会觉得公平，觉得自己的分享和辅导得到了回报。公司仅仅多付出了一点佣金，就换来了团队业绩的提升、人员素质的提升以及合作文化的形成。这就是我一贯推崇的用制度来引导大家的行为。

第二项举措是实施师徒计划，即师傅带徒弟的方式。这是很古老的一种传承方式，也是很有效的一种方式。我给大家讲一个真实的故事。多年前，新加入公司不久的销售人员小王被安排跟着一位外籍华人麦克干活，正式成为麦克的徒弟。在一年半的时间里，师傅麦克手把手地教小王，把自己多年来掌握的知识、经验、技能、绝招都传授给了小王。因为小王既聪明又勤奋，所以进步很快，没过几年就成为全球最优秀的销售人员之一，多次参加总裁俱乐部的活动，后来更是步步高升，从销售区域经理到大区经理，再到中国区的总裁，而小王的师傅麦克到退休前依然是一个部门经理。但是不管什么时候聚会，小王都会想着师傅麦克，永远尊敬师傅，每次都是让师傅坐上座，因为"一日为师，终身为父"。有了这层师徒关系，两人之间就有了家人般的亲情，也有了道义上的约束，因为没有人愿意给人留下忘恩负义的印象，否则无法行走职场。

三年前，我自己也搞了一个"高徒计划"，因为我姓高，所以我的徒弟就叫高徒。我的绝大多数徒弟都是中小企业的老板，他们的企业小的规模几千万元，大的规模几十亿元。到目前为止，此计划已经进行了5期，一共有70多人成为我的高徒。这些人都是宣读过拜师词的，有仪式感，有见证人，我们之间的关系是终身的，如果有人做出不合适的举动，有损高徒的形象，其他高徒不会允许，甚至会被扫地出门。这样一来就形成了一种良性的氛围和环境，大家互相扶持、高度信任，就像一个大家庭一样。有了这层关系，我才毫无保留地将我30多年的管理智慧传授给大家，把非常实用的管理工具和方法手把手地教给大家，再讲清楚工具和方法背后的逻辑是什么，逻辑背后的管理哲学是什么，从而把"道、法、术"贯通。如果没有这样的师徒关系，那么我是不敢这样做的，因为以前曾经有过惨痛的教训，培养了一些"白眼狼"出来，对自己造成了心理上的伤害。

第三项举措是总结归纳优秀销售人员的行为模型，即优秀的销售人员之所以优秀，背后的逻辑是什么，他们都是怎么想的、怎么说的、怎么做的。当年我在中国惠普公司做CKO的时候，亲自做过这件事，我找了2位优秀的销售人员、2位优秀的销售经理、1位优秀的销售副总，了解他们优秀背后的逻辑，通过与他们每人半天的一对一深度访谈，我总结出几十条成功的经验和具体的做法（见表7-5）。

表 7-5 优秀销售人员的行为模型

	价值观念	思维方式	自我激励
怎么想的	苦心经营 长期主义 勇于承担	先人后事 乐于助人 换位思考	乐观心态 自我加压 敢打硬仗
	共同话题	FAB 说辞	敢于说不
怎么说的	利他主义 管理智慧 准确表达	产品属性 相对优势 客户价值	坚持原则 友好拒绝 以理服人
	贴近客户	掌握知识	积累信誉
怎么做的	熟悉行业 包容别人 出谋划策	产品技术 心理学 社会学	注重细节 说到做到 坦诚相待

这些经验和做法就成了最佳管理实践，成了可以传承的智慧，可以用来批量复制人才，就算不能让所有新人达到100分的水平，

至少也能让大多数人达到 80 分以上的水平。这就是当初我的上司、中国惠普公司总裁孙振耀给我的任务——用知识管理的方法论来提升中国惠普公司销售团队的战斗力，所以我做的不是知识管理的研究，而是很务实的落地尝试，一切都是以提高销售团队的战斗力为中心。这一步做好了，优秀员工的个体智慧就能转化为团队成员的集体智慧，企业就能进入收获组织红利的阶段。

第四项举措就是实施"知识大师（Knowledge Master）计划"。我们不能白白地让优秀销售人员付出，把自己的知识、经验、技能、智慧、诀窍都无私地奉献出来，必须有相应的利益驱动机制。当年我做 CKO 的时候，就设计了一整套知识大师计划，让知识大师清楚地知道自己做了好事、善事会有什么回报，比如获得额外的期权、考评时加分、更多晋升的机会、更高的加薪幅度，以及知识大师的荣誉和标志等，综合一系列手段形成一套利益驱动机制，不让好人吃亏，唯有这样才能鼓励和吸引更多的优秀员工加入自愿分享的行列，形成良性的互动。

说到知识大师计划，我们当初先从三个方面入手，即产品知识大师、行业知识大师、应用知识大师。我们无法在短时间内把每个销售人员都变成全才，我们就在每个方面各找三个优秀的人：对产品最熟悉的，就让他们做产品知识大师；对某个行业最熟悉的，就让他们做该行业的知识大师；对技术应用最熟悉的，就让他们做应用知识大师。接下来，我们请知识大师三人小组把各自的知识、技能、智慧都展示出来，大家一起讨论，形成可以复制的知识体系，然后再由这三个人去给同事做分享。这一模式有点类似于劳模做巡回演讲，但是知识大师所讲的内容一定都是其他人最爱听的、最想学的、可以落地实施的具体办法。知识大师都是公认的优秀员工，有出色的业绩做支撑，所以让他们讲比请外面的老师讲，或者让高层经理讲更有说服力，正所谓"榜样的力量是无穷的"。

> **小　结**　要想让优秀的销售人员把自己的经验、知识、技能、智慧分享给同事，一定要有利益驱动机制，这样才能顺应人性，不让好人吃亏，形成良性互动。

第八章

顺应人性，有效激励

如何设计销售人员的薪酬体系

DD 公司成立之初，仅有几个人，都是老板的朋友，大家的工资不高，就等年底有利润了，每个人都能拿到奖金。最近几年，赶上了环保政策红利，公司的业绩翻了三番，但是薪酬制度却没有改变，还是按照原来的老方法。久而久之，员工的积极性都降低了，尤其是负责销售的小李，工作明显不认真，有时上班不准时，有时根本不上班，在小李看来，反正干好、干坏一个样，收入差别不大，干脆开始混日子。

老板看在眼里，急在心里，就找小李谈话，承诺如果年底利润达到 100 万元的话，就给他 5% 的利润分成作为奖金。有了这个承诺，小李的工作态度有所改善，开始约客户面谈，给客户发微信也比以前频繁了，订单慢慢地多起来了。按照小李的理解，到了年底公司的利润肯定会大于 100 万元，可是老板却以很多尾款还没有收回来为由，没有给小李 5% 的奖金。小李觉得老板说话不算数，找借口不给钱，自己忙活了半年，居然什么奖金也没有得到，有一种被欺骗的感觉。"你不仁我也不义"，一气之下，小李偷偷注册了自己的公司，开始做私单，挖公司墙脚，最后搞得不欢而散，老板和小李变成了仇人。

这个案例很典型，是很多小企业都曾经经历过的，至少反映了三个问题。一是创业之初，大家都不会太在意薪酬，可以像家庭成员一样，不挣钱大家可以理解，挣了钱一起分。但是，企业完成了从 0 到 1 的转变之后，就要建立相应的薪酬体系，有明确的制度，让大家通过自己的努力来获取更高的薪酬，绝对不能再沿用最初的那种简单粗暴的分配方法，否则就会抑制优秀员工的工作积极性，导致"大锅饭"、混日子。

二是小企业要想做大做强，老板必须舍得，这是老板在管理哲学上面临的第一个挑战。公司赚了钱要把大头分给员工，而不是老板自己收起来。从这个案例中不难看出，公司利润100万元，即便老板给每个销售人员5%，三个销售人员也才15%，老板把大部分利润据为己有了。对此员工会看在眼里，记在心里。所以，老板一定要把公司的投入、成本、挑战、花销给大家说清楚，越是偷偷摸摸，员工越是觉得赚的钱都让老板拿走了，最后必然导致员工自己出去创业，因为他们觉得生意是自己拉来的，却让老板拿了大头，心里肯定不平衡。结果就是公司原来的很多销售人员后来都成了竞争对手。这种现象不仅仅发生在DD公司，很多企业都出现过类似的问题。

三是老板一定要兑现承诺，不能说话不算数，因小失大。要知道销售人员很难计算公司的利润，除非公司的财务报表是公开的，况且利润的计算也是很有学问的，在这方面员工处于很被动的局面，毫无话语权，就像这个案例中，老板把应收账款不计算在利润内。在员工看来明明公司的利润超过了100万元，老板却说公司账上没钱，这让员工觉得老板耍小心眼，玩文字游戏。

要想从根本上解决问题，小企业需要从三个方面入手建立一个简单而科学的薪酬体系：一是引入全面薪酬的概念，二是运用一二三四法则，三是对销售人员采用风险系数和佣金系数。

第一，引入全面薪酬的概念。如图 8-1 所示，企业的薪酬体系不仅仅包括工资、奖金和法定的五险一金，还包括额外的福利待遇，比如年度分红、13 个月或 14 个月工资、各类商业保险、培训费用、购房补贴、退休基金等，大公司还可以搞期权。这些薪酬要素都是为了留住好员工，用短期、中期、长期三类收入赢得员工的忠诚。

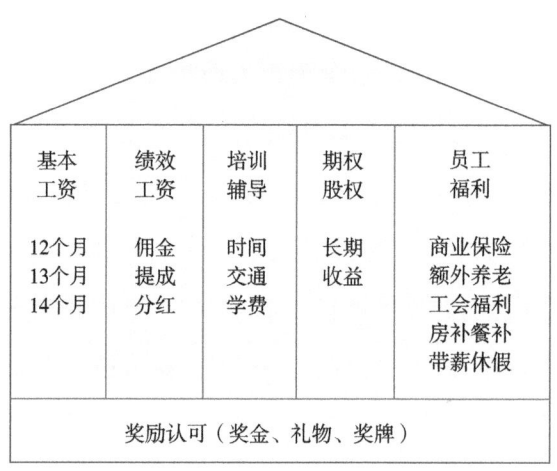

图 8-1　全面薪酬制度

对于销售岗位来说，短期收入包括基本工资、奖金和佣金，佣金也就是很多人说的提成。基本工资对应基本任务，包括完成销售指标、完成其他工作任务，两者各占一半的权重。基本工资定低了，很难吸引优秀的人才加盟，公司的发展必然受到限制，但基本工资定高了，很多老板又担心公司会亏本。其实很多老板都不会算大账，只会算小账。什么叫算大账？就是想清楚企业在什么情况下才能赚大钱，要理解背后的逻辑：有舍有得，大舍大得。

我们来推演一下：没有高薪，就无法吸引相对优秀的员工，也无法提出更高的要求；没有优秀的员工和高要求，提供技能训练也没有意义，也就无法提供一流的产品和服务；没有一流的产品和服务，就无法取得满意的业绩；没有满意的业绩，就无法获取厚利；没有厚利，就无法用高薪吸引并留住员工，从而使企业陷入恶性循环。与此相反，企业应建立如图 8-2 所示的良性循环机制。

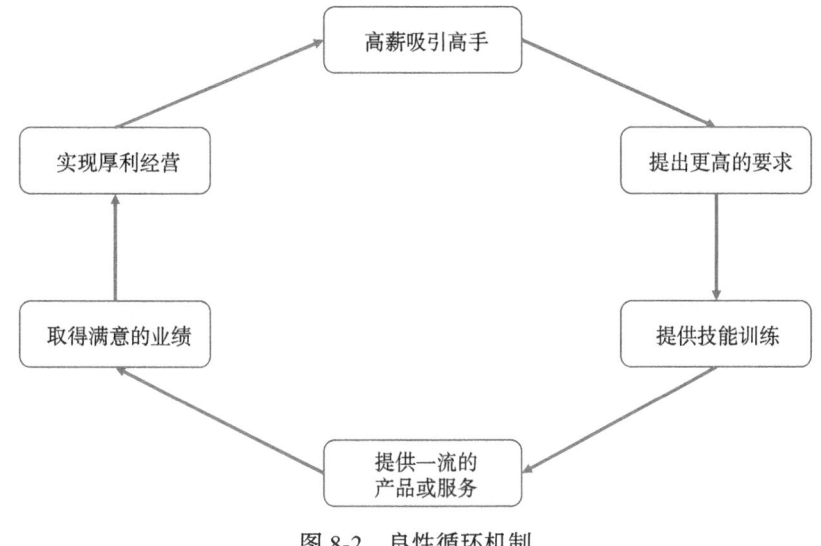

图 8-2　良性循环机制

第二，运用一二三四法则吸引优秀的员工。这是我个人总结归纳出来的一套薪酬逻辑：一个人拿两个人的薪水，干三个人的活儿，创造四个人的效益。说起来很简单，但是很多老板都难以理解背后的逻辑，总担心给了员工高于市场一倍的薪水，员工干不出来三个人的活儿。如果你想实施一二三四法则的话，首先要把"三"的定义搞清楚，也就是"一个人干三个人的活儿"是个什么概念。换言之，如果一个人的工作量无法量化，无法考评，一二三四法则就无法落地。

中国有句老话，"重赏之下必有勇夫"，说的就是这个道理。当你以高于市场价一倍的薪水招聘的时候，大家想象一下，会出现什么情况。周围想换工作的人来了，不想换工作的也来了，企业就可以优中选优，选出那些有愿望、有能力的优秀人才，他们敢于承诺一般人做不到的数量和品质。这些人来了以后，不是先给钱后干活儿，而是先干活儿后给钱，只有做到了三个人的工作量，达到了预期的质量标准，才会拿到高于市场价一倍的薪水。其实很多员工不是没有这个能力，而是没有被激发出来。既然干多干少一个样，大家就不努力做，就像案例中小李的情况一样，不是没有能力，而是没有动力。当年我从高校跳槽到外企，工资增加了一倍，工作量增加了6倍，但我非常开心，因为一个优秀的员工干四个人的活儿也没有问题。

第三，对销售人员采用风险系数和佣金系数（见表8-1）。每年年底，让销售人员根据自己的预判，选择下一年的风险系数，可以是1/9、2/8、3/7或4/6。如果员工觉得下一年生意不好做，可以选择1/9，万一没有完成，每个月可以拿到90%的基本工资，而没有任何佣金和提成。如果员工对下一年的生意很乐观，可以选择4/6，如果超额完成任务，佣金会是选择1/9时的4倍，但是如果没有完成指标，每个月仅能拿到60%的基本工资，没有任何佣金。我们把选择权给员工，让大家自己做出判断，一般来说，凡是选1/9的都是那些担心完不成任务、相对保守的员工，而选4/6的都是想拼搏的员工。现实中，大多数销售人员会选择2/8和3/7。要想做出理性选择，就要以销售漏斗为依据。

表 8-1 风险系数与佣金系数

佣金系数 / 风险系数	业绩完成 $Y<100\%$	业绩完成 $100\% \leq Y<110\%$	业绩完成 $110\% \leq Y<130\%$	业绩完成 $130\% \leq Y<160\%$	业绩完成 $Y \geq 160\%$
1/9	90%基本工资+0佣金	100%基本工资+X佣金	100%基本工资+$1.3X \sim 1.5X$佣金	100%基本工资+$1.8X \sim 2X$佣金	100%基本工资+$2.5X$佣金
2/8	80%基本工资+0佣金	100%基本工资+$2X$佣金	100%基本工资+$2.6X \sim 3X$佣金	100%基本工资+$3.6X \sim 4X$佣金	100%基本工资+$5X$佣金
3/7	70%基本工资+0佣金	100%基本工资+$3X$佣金	100%基本工资+$3.9X \sim 4.5X$佣金	100%基本工资+$5.4X \sim 6X$佣金	100%基本工资+$7.5X$佣金
4/6	60%基本工资+0佣金	100%基本工资+$4X$佣金	100%基本工资+$5.2X \sim 6X$佣金	100%基本工资+$7.2X \sim 8X$佣金	100%基本工资+$10X$佣金

佣金系数一般分成五档，如表8-1所示，当风险系数为1/9时：没有100%完成任务，佣金系数为0；业绩完成大于或等于100%而小于110%，佣金系数为X；业绩完成大于或等于110%而小于130%，佣金系数为$1.3X \sim 1.5X$；业绩完成大于或等于130%而小于160%，佣金系数为$1.8X \sim 2X$；业绩完成大于或等于160%，佣金系数为$2.5X$。这样设计的目的是让销售人员使劲往前冲，不要踩刹车。具体说来，X是多少，需要由财务根据企业的利润率进行精细的测算，确保员工可以赚大钱，公司赚小钱，从而实现企业的快速腾飞。

不久前我给一个高徒的企业做微咨询，他们公司的规模不大，共20多个人。我们先把公司在5年内做到10亿元营业额的路径想清楚，然后设计配套的薪酬体系，因为老板看到了未来，就愿意用利润换市场，承诺把80%的利润给员工，让员工为了自己的利益而努力奋斗。制度一公布，员工兴高采烈、干劲十足，很多人慕名而来，大家都愿意按照严格的要求和规定动作去做事，每个人都拼命地往前冲，业绩自然翻倍地增长。

> **小　结**　薪酬体系设计的出发点是激发员工的工作热情，收入高或低员工可以自己说了算，一切都以员工的表现和贡献来决定，公平、公正。

如何对销售团队进行有效激励

销售团队的激励是令很多企业管理者最闹心的一件事。我先给大家讲一个真实的案例。

小朱是一家知名工业品企业 EE 公司的销售人员，他很擅长与客户打交道，懂得换位思考，不管客户提出什么要求，只要是合理的，他就想尽一切办法去协调资源，为客户排忧解难，几年下来与行业内知名的几家大客户建立了稳定的业务关系。有了大客户的认同，小朱在公司的业务蒸蒸日上，成了开拓当地市场的样板工程。不久前，客户提出了一个新的需求，希望小朱所在的公司能提供完整的解决方案，小朱反馈给公司以后，公司虽然觉得客户的需求是合理的，也愿意开发相应的新产品，但是时间上来不及。小朱在征得了上司的同意后，决定采用外协的方式，从其他厂家采购，以解客户的燃眉之急，同时也给公司争取到了开发类似新产品的时间。这样做既解决了客户的问题，也给公司和自己带来了不错的效益，小朱当年的销售业绩翻了一番。

等到年底结算时，公司内部出现了分歧，小朱外购的那部分业绩，相关部门不知道如何计算提成，只能按照卖了自己公司多少产品来进行业绩核算。小朱不服，就写了一份详细的报告给公司最高管理层。经过公司高层磋商，小朱外购产品的销售只核算业绩不核算提成，至于为什么这么做，公司并没有给小朱一个合理的解释，于是在拿到年终奖的当天，小朱提交了离职申请。小朱离开公司以后，他原来服务的那几家大客户与公司的合作就开始走下坡路，最关键的是其他销售人员看到公司这种处理方式，谁也不再干类似的事情。客户有什么新产品需求，如果公司没有合适的产品，销售人员就直接推掉了，大家既不反馈给公司，也不愿意通过外协的方式去帮助客户。

在挽留小朱这件事上，公司高层也是缺乏诚意的，只是冠冕堂皇地告诉小朱："公司的很多激励制度不完善，但公司今后会尽最大努力去优化这些制度，同事和客户对你的工作都很认可，只要你留下来肯定会有更好的发展。"这样不痛不痒的挽留怎么可能会打动小朱？受伤的小朱很平静地回复道："既然公司没有相应的激励制度，我也不想为难领导，我接受这个决定。但是，我不愿意再继续做下去了，因为在外面我要求客户，回到公司我还要求内部的人，两头不是人。"

在我看来，这个案例暴露出了三个问题。一是公司的制度过于僵硬，管理人员不懂得变通，更不会算账。给那点奖金与失去一个优秀的销售人员相比，谁重谁轻，显然搞错了。二是公司的决策流程和机制太官僚，谁也不愿意承担责任。大家都是公事公办，看起来都没有做错什么，却对公司造成了损害。三是不把人才当回事，不珍惜人才。如果我是小朱的顶头上司,我一定会找公司相关部门去理论,直到圆满解决问题为止,绝不能让好人吃亏,让好人心寒。

面对这样的实际问题,企业该从哪里入手去解决呢?我建议大家从三个方面去思考。

第一个方面,了解员工直接激励的各个要素(见图8-3)。说到销售人员的激励,大家首先想到的就是物质层面的激励,总以为大家要的就是钱,结果就把大家的注意力引到了钱上面,由于钱再多也不嫌多,所以总也满足不了。其实,物质层面的激励仅仅占员工直接激励的三分之一,最重要的激励是心理层面和精神层面的激励。

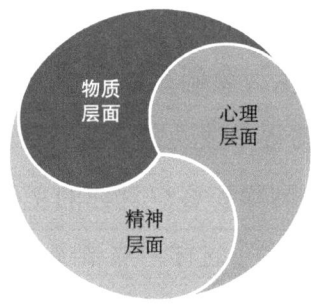

图8-3 员工直接激励要素

所谓物质层面的激励,主要指工资、福利、奖金、佣金、旅游、礼物等,这些都是短效的。

所谓心理层面的激励,就是让员工有优越感,有自豪感,有面子,可以在别人面前显摆,这种心理层面的满足会强化每个人的归属感,让员工更愿意在目前的公司做下去,所以说心理层面的激励是长效的。

所谓精神层面的激励,就这个案例而言,如果公司各个部门的人能主动出面解决问题,如果公司高层大张旗鼓地给小朱一个荣誉,表彰他为客户着想,再给他所期望的那点奖金,就不会因小失大了。

第二个方面,营造一个尊重员工的、友好的、有利于个人成长的环境(见图8-4)。

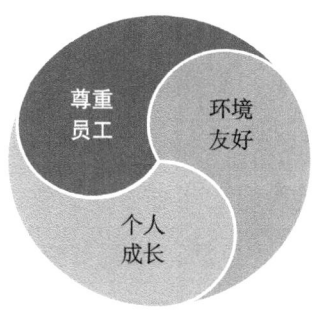

图8-4 员工间接激励要素

所谓尊重员工,就是平等相待,允许员工发表自己的意见,按照自己的思路和时间表去完成工作任务,不能把给员工一个工作机会当作施舍。

所谓环境友好,就是没有尔虞我诈、钩心斗角,没有拉帮结派、阶级斗争。让员工可以一门心思地干活,不用担心站错队,更不用懂公司政治。

所谓个人成长,就是让员工通过挑战性的工作锻炼自己的能力,不断进步,通过给公司做出贡献来获得级别和职位的晋升。

第三个方面,用未来引领大家,让大家看到美好的前途。20多年前的一个冬天,我的上司Jimmy召集我们事业部的全体管理人员在北京的丽都俱乐部开会,一共有6个人参加。大家坐在一起畅谈未来,先是谈业务开拓,把未来5年中国市场的走向、前景描述清楚，能看到令人兴奋的前景，然后开始谈个人的成长，以及每个人对未来的期许。记得吃午饭的时候，我们在丽都俱乐部的西餐厅用餐，那是一个很大的阳光房，外面下着大雪，里面却温暖如春，大家吃着上好的西餐，看着外面的雪景，那幅美好的画面至今还印在我的脑子里。Jimmy问我们："喜欢这样的生活吗？"我们说当然喜欢，但是似乎离我们太遥远了，不知道什么时候大家才能过上这样的生活。Jimmy说其实不难，只要大家一起奋斗，几年后就能过上这样的生活。要知道那时候我们的年薪才1万多元，连想都不敢想，有朝一日可以过上那种水平的生活，毕竟贫穷限制了我们当时的想象。

在开会之余，大家还在丽都俱乐部打保龄球，那是我第一次玩保龄球。这样的会议既有严肃的工作，又有美味的大餐，还有轻松的娱乐活动，让我感慨万千：在跨国公司当管理者真好，劳逸结合，这才是真正的生活。Jimmy是一个出色的领导者，让我们在年收入1万多元时，体验年收入100万元以上的生活，让大家对未来的生活有更高的追求，对品质生活有迫切的期待，从而激发出每个人内心深处的奋斗精神。所以说，一个好的老板或者管理者，首先要在哲学层面打通，知道人们活着到底是为什么，大家都在追求什么，必须尊重人性，唯有这样，才能正面引导大家积极向上，愿意发奋努力去创造美好生活，调动大家的正能量。10年后，当初参加会议的六个人都成了公司的高管，过上了曾经向往的生活。

很多老板认为，上班时间就应当全身心地投入工作，其实管理层开会时，适当的"吃喝玩乐"是非常必要的，这是团队打造非常重要的一个组成部分。老板要舍得，要让管理者觉得自己赚了。就像海底捞一样，之所以能取得今天的成就，就是因为老板在哲学层面想通了，道理很简单：对内让员工觉得赚了，对外让消费者觉得赚了。这就是人们常说的"吃小亏，占大便宜"。

2019年我去了一趟延安，回来后心情久久不能平静，因为我深受延安精神的启发（见图8-5），感悟到了如何去激发年轻人的奋斗精神。那就是：让年轻人为了美好的事业而奋斗，而不是为了钱而奋斗；让大家有理想、有追求的激励，才是可持续的激励。战争年代，生活异常艰苦，但是人们一想到美好的明天就会咬牙坚持下去，可见精神层面的激励才是永恒的。

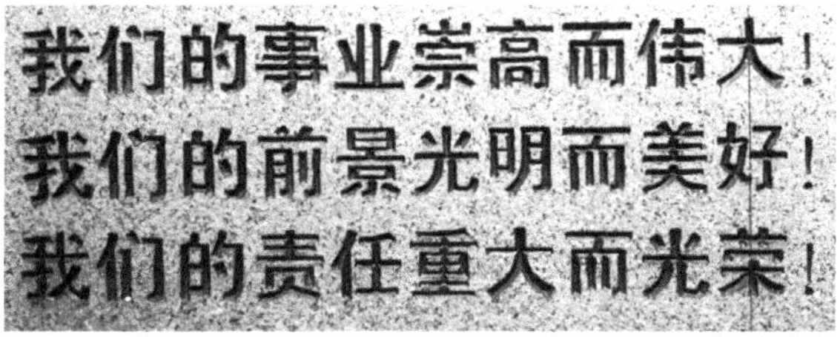

> 我们的事业崇高而伟大！
> 我们的前景光明而美好！
> 我们的责任重大而光荣！

图8-5 延安精神的启发

> **小　结**　优秀的管理者一定要明白，最好的激励方式就是用明天的钱做今天的事，这是成本最低、效率最高、效果最好的一种管理哲学，即把团队的关注点放长远，让大家为了美好的未来而努力奋斗，从而不计较短期的利益得失。

如何聆听销售人员的心声

很多销售总监不了解团队成员的心理，整天盯着业绩，似乎业绩是机器人做出来的，结果是"欲速则不达"，业绩始终达不到期望值。

FF 公司是做工业设备的，以渠道销售为主，销售人员被派驻到全国各地，负责当地渠道的开发与管理。虽然 FF 公司销售人员的薪资待遇远远高于同行，很有竞争力，但是依然无法留住优秀的销售人员，业务量波动很大。

FF 公司刚刚起步的时候，因为人数不多，老板亲自管理派驻到各地的销售人员，没有事情，销售人员也不找老板，大家自己做自己的事，老板想了解情况的时候，就让大家回公司开会，做工作总结。因为老板工作比较忙，平常顾不上分布在各地的销售人员，所以就想出一个办法，聘请了一位专职的销售总监老李，由其负责销售团队的日常管理。但是，老李不懂得销售团队如何管理。例如，公司华南区的一位销售人员小何接到一个重要客户的订单，需要公司技术部门尽快拿出方案，结果技术部门反应迟缓，于是小何请销售总监老李出面协调，可是不知何故，老李并没有及时跟进，小何非常失望，一气之下，这位在公司工作多年的销售人员就离职了。

有一次老板到江苏走访市场，晚上与江苏区域的销售人员一起聚餐。资历最老、曾经多次拿下公司销售冠军的销售人员小王，已经很久没见老板了，和老板聊了几句话后突然哭了起来，老板很诧异，追问是怎么回事。小王稳定了一下情绪，说："老板现在离我们太远了，对下面的销售人员太不关心了，销售团队已经烂成了这个样子，老板好像还不知情，我也想做到年底就算了。"老板一听，吓了一跳，没想到连最优秀的销售人员都对公司意见这么大，心想再不及时采取措施，麻烦就大了。

这个案例反映了三个问题：一是公司不知道如何远程管理销售人员，销售人员完全处于"放羊"状态；二是公司没有制度性的约束，销售总监不知道也不会给销售人员定期做辅导，完全让大家自生自灭；三是管理者高高在上，根本不关心员工，团队毫无凝聚力。

针对这三个问题，在这里我给大家三个建议。

首先，尽量不要把一个销售人员扔在一个城市，要么不进入一个市场，要么就派一个团队去开发一个市场。这个原则在第七章已经讲过，这里就不细讲了。

其次，必须明确销售总监的职责，规定清楚销售总监对销售人员应承担什么义务，以及应给销售人员提供什么服务。前面我们已经讲过销售人员的辅导、培训、随访、考评，这里再强调一下与销售人员的定期沟通。作为销售人员的直接上司，不管是销售经理还是销售总监，其核心工作都是育人，即把销售团队带起来，手把手地教大家如何做好销售工作，如何出业绩，所以销售经理或总监每周都必须按员工辅导计划（见表 8-2）与每一位销售人员进行一对一沟通。

若实在不能当面谈，就通过网络视频会议沟通，每次至少半天时间，了解销售人员的业务情况。通过检查销售漏斗，知道每个销售人员负责的所有潜在客户的进展状况，给销售人员出谋划策，及时发现问题、分析问题、解决问题，帮助销售人员做出业绩，成为销售人员的主心骨。FF 公司案例中的老李就完全没有做到，所以他不称职。如表 8-2 所示，如果一个销售经理或总监管着 6~8 个销售人员，那么一周的工作就会非常充实。每天都跟销售人员密集沟通，销售经理或总监对每个区域的业务情况自然就会了如指掌，对每个人的动态，包括对方关心什么、需要什么等，也尽在掌握。

表 8-2　员工辅导计划

	周一	周二	周三	周四	周五	周六
上午 1	例会时间		员工 3 辅导	员工 4 辅导	员工 6 辅导	
上午 2	例会时间		员工 3 辅导	员工 4 辅导	员工 6 辅导	
中午						
下午 1	员工 1 辅导	员工 2 辅导		员工 5 辅导		
下午 2	员工 1 辅导	员工 2 辅导		员工 5 辅导		

另外，公司要想保障销售人员的利益，就要用制度去约束各级管理者。如果出现优秀的销售人员离职，顶头上司必须承担责任，受到处罚，包括取消当年的加薪和级别调整。很多企业都没有设计这样的制度保障，优秀的销售人员离职了，销售经理或总监却不需要承担责任，谁会把优秀的销售人员离职当回事？如此一来，管理者高高在上，不把销售人员放在眼里，没有敬畏之心。

最后，建议每个企业每年都做一次员工满意度调研（见表 8-3）。因为没有满意的员工，就没有满意的客户，这是老板在哲学层面必须想通的一个问题——哪怕是出于最自私的目的，仅仅是为了让公司赚钱，或者为了老板自己赚钱，他也要懂得善待员工，调动员工的积极性。

表 8-3　员工满意度调研

调研要素	具体说明
公司层面	工作环境，企业文化，人际关系，企业前景
顶头上司	真诚辅导，关心部下，公平公正，布置任务
晋升机会	职业生涯，晋升标准，晋升规范，晋升培训
薪酬福利	基本工资，绩效工资，福利待遇，额外保障
团队协作	握手关系，互相帮助，利益驱动，考评机制
沟通激励	沟通渠道，定期沟通，上传下达，报喜报忧
个人成长	培训机会，锻炼机会，轮岗机会，参访机会

做员工满意度调研的唯一目的就是了解员工的心声，以便及时采取措施，解决员工最关心的问题，营造良好的工作环境。唯有把员工的利益放在第一位，公司的利益才能有保障，这就是为何我坚信"员工第一，客户第二"。可以说，只要没有满意的员工，客户至上就是空谈，就是妄想，就是自欺欺人。

中小公司每个月必须开一次全体员工大会，每次半天时间，就算有人不能到现场参加，也必须通过视频连线参加，这是一个不能省略的"仪式"，也是一项不能忽视的工作，否则无法形成团队凝聚力。

公司最好给每个销售经理或总监一笔专门的预算，用来搞团建活动。这笔预算够团队成员每月一起吃两顿饭即可，但必须专款专用，不可以用来做其他事情。多年前，我在中国惠普公司时每个管理者就都有这样一笔预算，每月两次跟部下一起吃饭，大家有说有笑，非常开心，很多问题都可以在饭桌上讨论，不会使大家把问题憋在心里。通过这种方式，大家有了归属感，在工作之余感受到很多乐趣。可惜，这么多年过去了，很多公司还没有意识到这一举措的重要性，不愿意在经营人心上花心思。各级管理者整天忙于急功近利地要订单、做业务，而忽视了对人的关怀，到头来必然走向反面，生意越来越难做。

对于公司的老板来说，我建议他们每年拿出30天以上的时间跑市场，不管到了哪个城市，两件事必须做：一是见客户，二是见员工。如果这两件事能够成为老板的规定动作，那么客户和员工都会很开心。有些老板会说，自己那么忙，没有时间去见客户、见员工，这就本末倒置了。老板为什么忙？因为该做的事没有做，所以忙。如果老板把该做的这两件事都做好了，客户和员工都满意了，老板就不忙了。这是一个良性循环和恶性循环的问题：因为忙，不去做；因为不去做，所以更忙，也就是人们常说的"瞎忙"。

如果老板真的不知道如何聆听员工的心声，就要找明白人帮忙去做。10多年前，我给一家照明企业做咨询时就做过这样一件事，利用3天的时间与10多位销售人员、销售经理、大区主任分别进行了小范围沟通，然后整理出上百条员工的合理化建议。要知道很多话员工不会跟顶头上司说，也不会跟老板说，却会跟外部顾问说。后来，公司老板召集全体高管，用了整整5天的时间，一条一条地审核这些建议，很多问题让管理团队成员大吃一惊，因为他们以前真的不知道。根据员工的反馈，他们迅速做出了调整，得到了员工的高度认可，公司业绩持续攀升，后来这家公司成为行业领先的一家上市公司。

> **小　结**　没有满意的员工，就没有满意的客户，这是再简单不过的一个道理，因为员工满意了，才会充满激情地为客户提供优质服务，从而令客户满意、愉悦。

如何关心、体贴、尊重销售人员

由于外销业务的不确定性，HH 公司决定转向国内市场，于是新组建了一个专做国内市场的销售团队，从外销部门抽调了有团队管理经验的老张来担任内销部门的经理，具体的市场开拓工作则由新招来的业务人员负责。

小田属于内销部门里业绩比较好的，以前做过工业品内销，所以很快就进入了工作状态，但是，面对老张这样一个没有内销经验的顶头上司，小田有时感觉很无语。无论是销售指标的设定，还是销售费用的管理以及激励政策的设计，老张都是沿用原来做外销的标准和经验。

面对内销部业务的停滞不前，老板坐不住了，就让人力资源总监先去了解情况。小田的顶头上司——内销部经理老张反馈说，小田在销售方面的确很有见解和方法，业绩做得不错，但是小田不服从领导的管理，经常在公开场合抨击公司的规章制度，跟上司唱对台戏。老张认为小田这样做严重影响了内销团队的氛围，是"害群之马"。

为了厘清问题，验证老张的说法，老板决定亲自出马，与小田进行了一次一对一沟通。小田其实是一个爽快人，面对老板非常坦诚，有话直说。在小田看来，国内客户的订单计划性不如国外客户，经常会出现一些小问题，包括交期变化、单量变化、临时急单、暂缓发货等。这些问题对于习惯了做外销的人来说难以接受，后端生产部门对内销人员带来的这些困扰也颇有微词，经常在公司例会上状告内销部门工作不力。于是，每次例会结束后，老张就会召集内销部门人员开会，说："大家总是说内销不得不多做公关工作，现在公司给的销售费用已经比外销高几个点了，业绩上去了吗？为什么花了那么多钱搞关系，还总是出现这些低级错误？我带外销团队的时候，哪里会有这么多突发状况？同样都是做销售工作，道理是一样的，不要总是找理由，要好好检讨自己。"这样的批评让内销部的销售人员感觉很委屈，好像自己低人一等，在公司里不如外销部门的同事做得好，得不到大家的尊重，结果就是能干的人纷纷离开，不能干的人留下混日子，部门业绩一直没有突破。

老板听了小田的反馈，后背直冒冷汗。小田接着说："要不是这次跟老板坦诚沟通，下个月我也打算离职了，整天挨训斥，在这样的环境中工作不开心，没意思。"

这个案例至少说明了三个问题。一是管理者不懂管理，不会带团队，把权力、训斥和管控理解成了管理，忘记了自己是部下的教练，是服务部下的。二是内销部门的市场开拓没有规定动作，大家都是按照自己的理解去跑市场，能干的销售人员也是各做各的，部门还停留在"野蛮生长"的阶段，所以两年下来没有突破。三是做内销的成本结构与做外销完全不同，产品的定价原则也不一样，管理者不能用做外销的思路来管理内销团队，遇到问题也不能套用原来做外销的经验来做判断。如果内销部门的管理者不谦虚地学习，积极地了解内销业务与外销业务的区别，就会变成"外行瞎指挥"。

这三个问题该怎么解决呢？我给大家三个建议。

首先，管理者要调整自己的定位，把自己看作一个教练，把育人放在第一位，对待部下要以鼓励为主，善于发现部下的闪光点，及时表扬。记得多年前，我刚做市场开发助理工程师的时候，工作非常卖力，我的上司 Yeng Wong 是一位美籍华人，他那时对我说得最多的一句话就是"take it easy"，也就是"慢慢来"。因为他看到我工作很努力，担心我这么干会累坏了，所以经常提醒我不要着急，慢慢来。到了快放年假的时候，我告诉上司春节要回山东济南去看望父母，他在我临走前送给我一大盒进口的丹麦奶油曲奇，让我带给父母，还给了我 200 元外汇券，让我去友谊商店买自己喜欢的东西。年轻人也许不知道，在 20 世纪 80 年代北京唯一能买到进口产品和高端产品的商场就是友谊商店，那里需要护照才能进入，只能用外汇券结算。那个时候我的月工资是 150 多元，上司却自己掏腰包给我一个额外的红包，令我很惊讶。我看到这么贵重的礼物和钱，马上感动地说了一声："谢谢。"上司却一本正经地跟我说"You deserve it"，意思就是：这是你应得的，不用谢。大家想一下，我的上司这样关心我、照顾我、赏识我，我怎么可能不好好干？回到济南后，我跟家里人说了这件事，大家都觉得我加入了一家好公司，遇到了一个好上司，让我一定要珍惜，加倍努力。

其次，要用动力式管理取代压力式管理，懂得经营人心，让大家感受到公司的温暖，感受到上司的关怀。记得我在中国测量仪器分部（China Test & Measurement Operation，CTMO）工作时，总经理是一个叫 Ken Lodge 的美国人。有一天中午，刚吃完饭，我们正在靠近大门口的咖啡厅里聊天时，看到员工小赵急匆匆地从外面进来。小赵的父亲上午做手术，小赵已经请好了假去陪伴父亲，这件事公司里的同事都知道。但是，上午小赵的父亲做完手术后，小赵就回到了公司，他怕耽误工作，想看看有什么急事需要处理。Ken 就把小赵叫住了，问了一下他父亲手术的情况，然后告诉小赵："你现在最重要的工作就是去陪伴父亲，公司的事是次要的，不差这几天，请你马上回医院，照顾好父亲，等你父亲没事了，再回来上班。"我们几个人在旁边听到这样的话，都被感动了。我至今还记得当时的情景，小赵听完 Ken 的这段话，眼里含着泪，什么话都没有说，扭头就走了。如果你是小赵，是一名普通的工程师，你会怎么想？这就是我反复强调的经营人心，当管理者真心体贴员工的时候，员工一定会用加倍的努力来报答，这种"硬核激励"是金钱激励无法相比的，最能打动人心。只要你招进来的都是好苗子，就能用这种善待员工的方法，唤醒员工的主人翁精神，激励员工做出令领导层欣喜的业绩。

最后，领导者要懂得感恩。我们每个人要想在事业上有所成就，都离不开其他人的帮助，如果你有感恩之心，帮助你的人就会越来越多。几年前，我去参加北京电视台《总裁读书会》的节目录制，作为第二嘉宾，与第一嘉宾——新航道教育的总裁胡敏一起，讨论管理话题。那是我第一次见到胡敏总裁。他在台上说，"今天我有点紧张，因为下面坐着一位我很尊重的老师，我是他的粉丝"，随后他拿出两本书，一本是我的《笑着离开惠普》，另一本是我的《赢在顶层设计》。他展开书让大家看，上面密密麻麻地做了很多笔记。他说这两本书是他们公司所有管理者的必读书，是指引他们公司走向成功的经典好书，看懂了就赚了一亿元。胡敏总裁还说，在新航道教育公司，没有人不认识高老师，并邀请我有空时去他们公司做客。

  我去了以后，发现胡敏总裁的那些话并不是客套话，他们公司的每个人都认得我，都跟我打招呼。到了中午吃饭的时候，胡敏总裁的太太为我做了一桌丰盛的家宴，以最高规格的礼遇来招待我，令我非常感动，也非常开心，因为在他们成功的背后，有我的一点点贡献。一个懂得感恩的领导不仅能吸引优秀的人才加盟，还能得到外部人士的帮助，也就是我们常说的"得贵人相助"，因为每个人都喜欢和懂得感恩的人一起做事。领导者懂得感恩，团队成员就会喜欢他，愿意追随他，跟他一起打天下。

  再回到 HH 公司案例中，大家想一想，小田这几年工作那么辛苦，可曾感受到领导者的关怀？没有，他得到的全是训斥和批评，所以小田离职就很正常。

小　结　经营人心是各级领导者最重要的工作,只要管理者真心体贴员工,员工一定会用加倍的努力来报答。善待员工就是善待企业,只有唤醒员工的主人翁精神,员工才会全力以赴,做出令领导层欣喜的业绩。

第九章

协同作战,相互支撑

如何实现降本增效的目标

JJ 公司是一家小型工程服务类公司，最初的时候，老板自己负责整个项目的成本控制，抓得比较紧，后来公司项目多了，老板就只能把一些项目的具体事情交给部下去负责。

几年前，该公司业务骨干老杨费了好大劲拿到了一个 950 万元的大项目，按照老杨当初的预算，应该有 15% 的利润，当然这是他凭经验做出的判断，并不是科学计算出来的。这个项目除了涉及 JJ 公司的传统业务之外，还涉及一些配套设施的建设，因为老板也不了解配套设施的建设难度、用料计算和报价，看了老杨的预算后，就没有说什么，直接签字批准了。

客户提出的合同工期是两个月，需要 JJ 公司在合同签订后两天内拿出详细的施工计划，三天内进场。因为时间紧、任务急，老板只好亲自出马，带着技术团队做出一份详细的施工计划，第二天给了客户，顺利地拿到了预付款。其实老板心里很清楚，整个工期计划过于理想化，但是为了拿到这个订单，只好硬着头皮答应，心想万一延期，就到时再说。

面对这样一个涉及很多配套设施建设的新项目，整个公司里没有一个明白人，谁也不知道该怎么做，老板的思路就是摸着石头过河，先进场施工，走一步，看一步。第一项工作就是由负责施工的老焦做基础工程，本来预算是 15 万元，结果做了一半发现要返工重做，最后花了 50 多万元才搞定。这个项目所涉及的一些管道是 JJ 公司从外部采购的，设计部和采购部都没有相关经验，他们问老杨怎么办，老杨说尽量多备一些货，可不能不够用，影响工期，于是采购部就凭着感觉去进货。项目结束后才发现，多出 20 多万元的管道没用上，供应商还不同意退货，关键是这件事直到一个月后闲聊的时候老板才知道。于是老板问责老杨，为何当初买那么多管道？老杨推得很干净，说："我只负责做业务，不负责做采购，我只是告诉他们一个原则——不能不够用，影响工期。"采购人员则说："买这么多管道，是按照老杨的意思办的，我们哪敢随便做主。"谁也不愿意承担责任，老板气得直想发火，但是又不知道该打谁板子，只能忍着，最后接受现实，赔了 20 多万元。

这个项目结束后一核算，发现利润只有 12.6%，比预算少了 2.4%，主要原因就是预算不准、返工重做、浪费严重、没人担责，如果在这几个环节上有人能稍微把一下关，至少可以再增加 10% 的利润。

从降本增效的角度看，在这个案例中有三个看不见的隐形成本，那就是决策成本、沟通成本和协调成本。这三个成本其实才是导致绝大多数中小企业长不大、做不强的核心问题。我常说："真正的危险都在视线之外！"在传统的公司财务报表上，这些成本得不到体现，所以没有得到中小企业老板的足够重视。

如何降低这三个看不见的成本呢？

首先是决策成本

决策成本包括人员招聘决策、人员晋升决策、激励制度决策、进入新行业及新市场的决策、新产品开发决策、供应商选择决策等很多方面的成本,这些决策成本都无法在财务报表上显现出来,却有可能给公司带来致命的风险。为了降低决策风险,跨国公司在规模比较大的分支机构往往会成立决策委员会。重大决策不是一人说了算,也不是起草某项制度的职能部门说了算,必须通过决策委员会审核,这样做的目的就是确保公司的重大决策是经过反复推敲的,避免犯初级错误。另外,许多跨国公司在每年一次的管理者大会上,一定会检查各个职能部门即将推出的各项政策、制度和操作规范,避免草率决策,以及因盲目推出一项制度而导致反弹。

要想降低决策成本,大家不妨从以下三个方面去思考。

一是战略规划。请公司内部所有职能部门的负责人一起参与,制定公司未来五年的发展战略,按照标准化的模板和逻辑进行推演(见图9-1)。这样做可以避免出现盲区,大大减少公司在目标市场选择、客户需求分析、竞争格局分析等方面的试错成本,做到"不打无准备之仗"。这是公司层级的决策依据。只要企业过了生存期,我建议大家都要试着做战略规划,哪怕是简化版。

二是商业模式设计。可以采用头脑风暴的方式,请公司内外相关人员一起进行碰撞,最好邀请几位高手当顾问,从正反两个方面进行论证:什么情况下能成,什么情况下会出问题,公司的商业模式是否经得住推敲,公司挣的是哪份钱,凭什么可以阻止竞争对手,在什么地方建立竞争优势。这是事业部或产品线层级的决策依据。对于中小企业来说,要想推出爆款产品,要想迅速做大,就要在商业模式设计上下功夫,找到突破口。

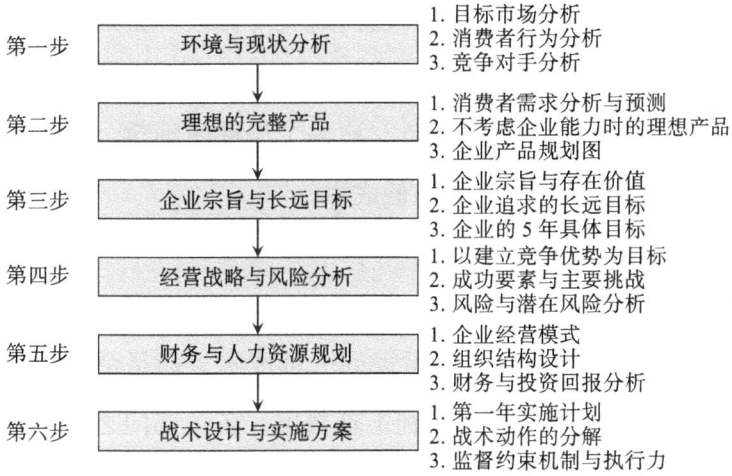

图 9-1　企业战略规划框架

三是做可行性分析。针对新产品、新市场、新应用、新技术、新材料、新工艺等不确定因素，进行可行性分析，做出最优结果、正常结果和最差结果三种模型（见图 9-2）。这样就知道最乐观的结果是什么样，最差的结果是什么样，如果最差的结果可以接受，就可以立项。当然，可行性报告做好了，一定要进行预演，不能只是纸上

市场环境与假设		
客户与竞争分析		
实施计划里程碑		
潜在问题与风险		
最佳结果	正常结果	最差结果

图 9-2　可行性分析

谈兵，要进行落地试验，才能真正判断其可行性。这是项目层级的决策依据。具体到JJ公司这个案例，如果他们采用可行性分析的方法论来进行论证，把预算做细致，把施工流程做细致，再利用项目管理的方法论进行管控，就会降低成本。

其次是沟通成本

沟通成本是很多企业最不重视的一种成本，却是企业绝大多数问题的根源。从JJ公司这个案例不难看出，各个部门之间没有握手关系，遇到问题大家都互相扯皮推诿，推卸责任。其实，只要设计好决策流程，所有项目的审核、运营都按照流程走，有节点管控，该由谁负责就由谁负责，就能解决绝大部分沟通问题。

我们说沟通成本主要体现在三个方面，大家可以对照自己公司的情况自我反省。

一是公司内部上下左右不同层级、不同职能部门的管理者在经营管理理念、方法、工具、流程等方面没有达成共识。管理者没有接受过同样的训练，各看各的书，各上各的课，在管理体系上是不一致的，甚至是互相矛盾的，谁也说服不了谁。因为没有共同语言，所以会出现鸡同鸭讲、不同频的现象。而解决问题的出路就是提倡集体学习，整个管理团队跟着同一个老师学习同一套管理体系，才能从根上解决问题。

二是各自为战。公司内部没有广播机制（见图9-3），每个部门都不知道其他部门在做什么，不知道各个项目的进展如何。有的人把信息当成了私有财产，当成了权力的象征，不愿意分享，遇到问题时互相之间都是单线联系，效率低下，所以大家整天忙得不亦乐乎，却没有效率。

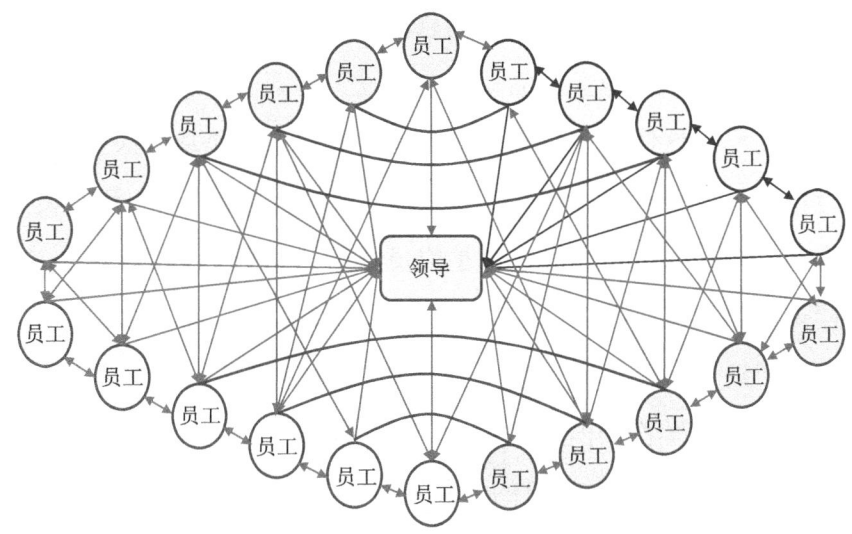

图 9-3　企业内部广播机制

三是没有规范的沟通机制。就像前面我们讲过的，一家企业必须有明确的沟通制度，比如：每月一次全体员工大会，通报公司的情况，让大家有知情权；每周一次跟每个部下做一对一辅导，了解员工和市场情况，给部下出谋划策；每周一次小部门例会，布置任务，检查进展，确保各项工作进展正常；规模大一些的公司每月一次决策委员会会议，针对公司的重大项目进行充分论证；每月一次运营委员会会议，就新产品立项、各产品的销售情况、客户投诉、库存情况、回款情况进行分析等，逐渐把沟通方式固化下来，成为一种习惯，这样大家都不累。

最后是协调成本

我给大家讲一个我的老东家的案例。那是 10 多年前，一个武汉的大客户拿着两张邀请函给我们总裁看，他收到了我们公司两个产品线的邀请函，请他参加活动，在同一天、同一个城市，只是不同的酒店而已。这件事让我们觉得很没有面子，于是拿到决策委员会进行讨论，我们当时做出了一个决定，成立了非专职的市场委员会，各个产品线的市场部负责人都是成员之一，每个产品线需要将自己部门未来半年在全国各地搞活动的计划发布出来，如果有可能，就尽量协调到一起做活动，不仅可以降低成本，还可以形成更大的势。另外，我们还做了一个决定，在所有打印机的包装箱里都放上 PC 机的小宣传单，在所有 PC 机的包装箱里也都放上打印机的小宣传单，这样做并没有增加太多的成本，但是形成了协同作战的文化。

> **小　结**　降低成本不要总盯着看得到的那些显性成本，更不能靠偷工减料来降低"硬成本"，必须向管理要效益，通过科学管理手段来降低不必要的浪费以及决策、沟通、协调成本，这才是降本增效的本质。

如何协调销售部门与技术支持部门的关系

为了满足客户的个性化需求，KK公司专门组建了一支做非标定制化产品的团队。在誓师大会上，销售部门负责人老刘说："我在这行干了20年，很了解客户，拿到订单没有问题，只要技术部门配合好，及时提供报价和样品，让客户满意就可以了。"技术部门负责人周工也信誓旦旦地表态说："我在这行做了10年技术开发，你尽管提要求，我一定给你做到。"

三个月过去了，平均每个月询盘的客户数在80个左右，打样的客户数约40个，导入量产的客户数6个，这个结果跟当初的预期有很大的差距。在总结会上，销售负责人老刘怒气冲冲地说："新客户的询盘与打样数据大家都看到了，并不少，但是技术部门的打样质量、报价和配套资料提供的速度都达不到客户要求，所以转化率不高，业绩不理想。公司既然想吃'定制'这碗饭，就要做到快速响应，如果总是这样拖拖拉拉，就把好不容易开发出来的客户得罪了。"技术部门周工听完老刘的投诉，立马反驳说："从数据上看，询盘的客户数是不少，可是转化为批量成交的客户数才7%左右，而且小单子居多。按照我的经验，如果每个月打样的客户数约40个的话，成交的客户数应该是目前的3倍以上，成交金额应该是目前的5倍以上才合理。另外，很多客户的需求总是变来变去，我们技术部门就3个人负责做客户定制产品，需要反复跟客户沟通确认，每个打样1个人完成的话需要3天，正常每月的产能就是30个。为了服务好销售团队，技术部门无怨无悔、加班加点地赶制产品，才做到了每个月打样40个，这已经是超负荷运转了，难道销售部门看不见吗？销售部门为何不筛选好客户，在源头上把好关？"

这个案例暴露出部门间的三个协调问题。一是目标客户的选择没有聚焦。销售部门确实没有做好筛选工作，在产能有限的情况下，没有聚焦，没有选择潜力大、匹配度高的客户，而是把所有客户都给了技术部门。二是没有遵循后端驱动前端的握手原则。技术部门并没有事先给销售部门提出明确的要求，如需要销售部门提供哪些基本数据，给出什么承诺，才能做出准确的判断，进入打样环节。三是衡量销售部门和技术部门业绩的标准不清楚。显然，这是因为两个部门的利益不一致，责任不清晰，才导致扯皮推诿的。

那么，如何才能解决好这类问题呢？在我给出建议之前，我们先把销售部门与技术部门的握手关系梳理一下。技术部门有三大类：第一类就是案例中的这类技术部门，属于产品研发部门，负责新产品的开发和老产品的升级改造，各类企业都会涉及。第二类技术部门指售前技术支持部门，涉及技术方案、技术咨询，凡是产品技术含量高、客户不容易理解的工业品企业和部分耐用消费品企业都会涉及。第三类技术部门指售后服务部门，涉及维修、保修、技术咨询、应用培训、热线电话等，耐用消费品和工业品企业都会涉及。

首先，销售部门与产品研发部门的协调问题。销售人员整天在市场一线，经常跟客户打交道，他们最清楚市场上什么产品好卖，什么产品不好卖，所以后端产品研发部门需要听取他们的意见，但是也不能盲目相信，要搞清楚销售人员提出的新产品立项建议是普遍性需求还是个性化需求。要知道，销售人员为了拿到销售佣金，容易夸大客户需求量，误导企业去开发小范围使用的产品。这里的核心问题有两个：一是最小起订量的问题，二是后端驱动前端的问题。销售人员提出新产品立项建议，要按照产品市场部门或研发部门设计的标准化模板填写相关信息（见图9-4），明确以下内容：目标客户群是谁，这样的客户有多少；销售部门承诺的半年销量、一年销量分别是多少；这个新产品主要解决了客户的什么问题，有什么独到的客户价值。如果一个销售人员的销售预测达不到最低起订量，就要找其他销售部门、其他大区去协调，看看全国的需求加起来能否满足公司的最低起订量要求。

新产品立项申请表是由研发部门或产品市场部门设计的，这就是后端驱动前端的概念，研发部门或产品市场部门需要什么信息才能做出准确的判断，都要体现在这张表格上，避免漏项。从KK公司的案例来看，显然是因为缺乏新产品立项审核机制，才导致打样多、成交少。有人可能会问，如果销售部门乱承诺，最后销量没有达到预期怎么办？提出新产品立项的销售人员以及签字背书的销售经理或总监要承担全部责任，短期内会影响他们当年的考评，长期内会影响他们的信誉，大家会觉得他们说话不靠谱，谁也不会再信他们，慢慢地他们就失去了话语权。试想一下，有了这样的机制，销售团队还敢乱承诺吗？他们一定会尽量把工作做细致，有八成把握了才会提出新产品立项。每年年底，公司要进行统计并公示，看看一共有多少客户询盘、多少客户打样、多少客户成交、多少营业额（见图9-5）。这样一来就能清晰地看出销售部门的表现，包括客户数量、客户质量和转化率。经过一段时间的摸索，销售部门就能

新产品立项建议标准模板（销售部门提出）

| 现有产品改进 | 参照市场竞品 | 新产品想法来源 参照国外样品 | 客户批量定制 | 其他，请说明 |

说明：

新产品的价值定位，与市场上现有产品相比，给目标客户带来了什么与众不同的价值（B）
新产品在哪些方面具有明显的优势（A）
产品规格的简要说明（F）

新产品的简要说明

初步销量预测

| 前6个月 | 6~12个月 | 产品整个生命周期内销量 |

相关部门意见

| 产品市场部经理 | 姓名 | 意见 | 签字 | 日期 |
| 产品市场部总监 | | | | |

| 产品开发部经理 | 姓名 | 意见 | 签字 | 日期 |
| 产品开发部总监 | | | | |

| 区域销售经理 | 姓名 | 意见 | 签字 | 日期 |
| 销售部总监 | | | | |

建议人姓名　　　　　　　　　　　建议人签字　　　签字日期
审核人姓名　　　　　　　　　　　审核人签名　　　签字日期

图 9-4　新产品立项申请

总结出来二八规律，明白什么类型的客户可以给企业贡献更大的业绩，从而实现抓大放小。

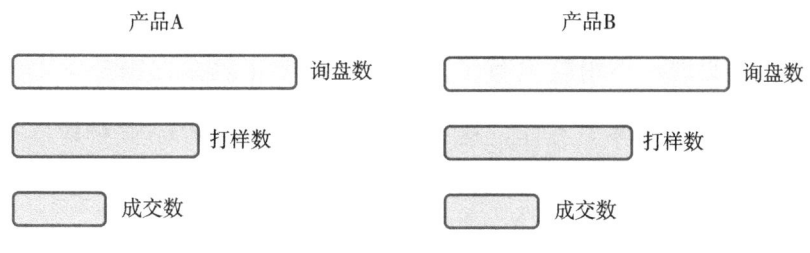

图 9-5　新产品销售统计

其次，销售部门与售前技术支持部门的协调问题。对于技术含量比较高的产品或者比较复杂的系统，客户需要做技术方案。一般情况下，销售人员自己搞不定，就要请售前技术部门的人协助给客户做技术方案，回答客户深层次的技术问题，销售人员负责做客户前期的沟通、过滤、筛选。这样一来，销售人员就可以把精力放在客户开发和维护上，技术支持由专人负责。但是，如果没有制度性约束，销售人员就可能会滥用技术支持人员，整天让技术支持人员帮忙，反正也不花销售人员自己的钱。为了解决这个矛盾，中国惠普公司 30 年前就制定了一套成熟的体系，通过内部货币制度进行结算。

举例来说，如果公司有 20 个销售人员，就会配备 4 个技术支持人员，即按照 1∶5 的配比，一个技术支持人员对应 5 个销售人员。谁用谁给钱，技术支持人员按照销售人员的预约去提供技术服务，亲兄弟明算账。技术支持人员每个月只要完成 30 小时的服务就达标了，剩下的时间可以自学、进修。如果某个技术支持人员的水平高，就会受欢迎，预约他的人就多，利用率就高，收入就高，反之亦然（见表9-1）。销售人员则根据销售指标每年获得一笔预算，用来购买技术支持部门的服务，指标越高，预算也越多。这笔预算是内部货币，不能变现，不用就没有了，用超了就要花真金白银补上。所有这些制约，都是基于人性去设计的，最后的结果必然是销售人员既会善用技术支持人员，又不会滥用。

表9-1 技术支持人员每周工作安排

	周一	周二	周三	周四	周五	周六
上午1	销售人员A	销售人员D	销售人员F	销售人员G	销售人员J	
上午2	销售人员A	销售人员D	销售人员F	销售人员G	销售人员J	销售人员B
中午						
下午1	销售人员B	销售人员E	自学时间	销售人员H	自学时间	
下午2	销售人员C	销售人员E	自学时间	销售人员H	自学时间	销售人员E

最后，销售部门与售后服务部门的协调问题。产品卖出去了，很多产品都会涉及售后服务，包括保修、维修、技术咨询等，这项工作也必须引入内部市场机制，否则就会成为公司的一个大坑。20年前，国内一家知名的家电企业高管找到我，想让我给他们推荐几位在惠普做技术服务的管理人员，原因是他们看到惠普的服务很赚钱，每年几十亿元的服务收入，而他们公司每年需要贴补服务费用几十亿元。随着硬件产品的利润率越来越低，他们就承受不了了。后来这家公司找到了惠普亚太区负责服务的总经理，给他们做咨询，解决服务怎么赚钱的问题。对于工业品和耐用消费品来说，必然会涉及保修和维修，所以服务也成了可以销售的产品。服务部门会建议客户购买延保服务，这样客户可以更省心，只要产品出现问题，

就由厂家负责维修，完全没有后顾之忧。但是，延保的费用怎么计算呢？售后服务部门每年都会做出一份统计数据，关于各个产品线的产品一共发生了多少次故障，花费了多少维修费用，包括备件和人工，有了这份统计数据售后部门就可以跟后端生产部门进行谈判：质量好、可靠性高的产品，保修费用就低；质量不好、可靠性低的产品，保修费用就高。后端生产部门也可以根据这份数据，支付来年的售后服务部门的费用。这就形成了一个正向激励的制度，鼓励后端生产部门提高产品质量，减少故障率，从而节省保修费用。这跟买保险是一个道理，如果某一年没有出险，下一年的费用就会降低。

> **小　结**　企业管理的奥妙之处，就在于基于人性去设计各种制度，用制度来解决各个部门之间的配合问题。谁的问题谁承担责任，赏罚分明，这样才会理顺各个职能部门之间的握手关系。

如何协调销售部门与市场开发部门的关系

LL 公司的老板带着员工小廖学习了市场营销的课程之后，认识到公司业务做不起来是因为没有市场开发部门开拓市场而导致的，回到公司后马上组建了市场开发部门。

LL公司属于小型服装服饰企业,过去以外贸为主,主要通过展会和广交会开拓业务,员工数量不多。市场部门成立后,由小廖负责市场开发,老板希望用两年的时间从坐商到行商,从打猎到种田,完成内贸业务销售团队的升级。由于老板自己对市场开发部门和销售部门之间如何配合并不清楚,所以就让小廖和销售大区的几个人摸着石头过河。

小廖上任后,按照课堂上学来的知识,开始收集市场信息,进行市场盘点。经过几个月的艰苦努力,小廖通过百度、大众点评等收集了深圳、广州、杭州、上海、北京、天津等城市的服装品牌信息,并将这些信息按华南、华东、华北三个区域进行了分类。公司成立了三个销售大区,希望彻底改变之前仅仅通过展会和客户转介绍这类坐等客户的被动销售模式。

小李是做外贸业务出身的,以前仅仅服务几个国外客户,拿到小廖给的华东地区成千上万家服装企业的基本信息,头都大了,不知道从哪里下手,因为从来没有干过,一头雾水。

小杜是公司里负责外贸跟单的,老板让他兼职做华北地区的内销业务,拿到华北地区的服装企业信息后,他有空就打打电话、发发邮件,联系客户,可是一年下来,没有任何成效。

小吴是老板聘请来负责华南地区业务的,也是外贸跟单员出身。她工作积极主动,首先到深圳的商场里找各类服装品牌,然后开始联系客户:打电话到对方公司,因为没有具体联系人的姓名和分机号码,总机不给转;直接上门去拜访,被前台以没有接待人和事先预约为理由拒绝了；好不容易见到采购人员，人家却说公司目前没有采购配饰的计划。最可悲的是，她拿着小廖给的客户信息找到很多地方以后，发现要么公司关门了，要么公司转行了。一年下来，小吴非常辛苦，却只成交了一个小客户，老板不满意，小吴也觉得委屈。

老板觉得很困惑，直接成本花了上百万元，却没有什么效果，到底哪里出了问题？其实这个案例暴露出了三个核心问题：一是老板自己是做外贸出身的，他招来的三个大区的销售人员全是做外贸出身的，这些人根本没有做内销的经验，没有思路，没有方法，所以无从下手；二是市场部门提供的信息大多数是从网上搜罗来的垃圾信息，小廖没有做任何过滤和筛选工作，直接把这些垃圾信息转给了销售人员，让大家白忙活；三是老板自己并不清楚市场部门应该做什么，具体怎么做，所以下达的指令非常模糊，小廖觉得把客户信息整理出来给销售人员就万事大吉了。

那么，如何才能协调好销售部门与市场开发部门的关系？如何发挥市场开发部门的引领作用呢？我在这里给大家三条建议。

第一，要理顺销售部门与市场开发部门的握手关系，市场开发部门负责播种，销售部门负责收割，如图9-6所示。

多年前我做市场开发工作时是这样做的：先收集各个部委出版的行业企事业单位名录和各个部委的工业年鉴，接着通过来自各个部委的同事，了解某研究所或工厂做什么产品，面向什么市场，可能会用到我们的哪些产品，进行摸底，然后给这些单位邮寄我们的产品手册、公司介绍，邀请他们来参加我们的技术交流会和各种展会。

只要这些人参加了我们的技术交流会和展会,我们就可以核实相关人员的信息,完成销售漏斗的信息录入,并进行跟踪(见图9-7)。

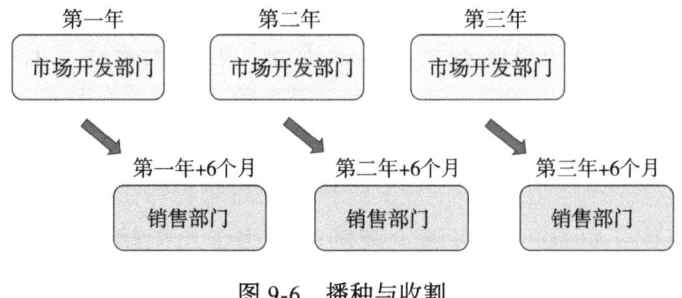

图9-6 播种与收割

××公司销售漏斗	更新月份:					销售人员姓名:				
							目前所处状态			
客户单位名称	联系人姓名	联系人职位	联系人电话	拟采购或感兴趣产品	拟采购产品预计金额	0%待确认	25%感兴趣	50%二选一	75%已谈妥	

备注:当事人每月更新一次,通报市场部

图9-7 潜在客户跟踪用表

这就是"引蛇出洞"。前面我们讲过销售漏斗的有关内容,这里就不多讲了。我只想强调一点,市场开发部门的任务是通过各种活动把漏斗上面的潜在客户填满,而销售部门负责把潜在客户转化为消费我们产品的真正客户。一个行业、一个行业地做,一个区域、一个区域地做,几年下来就完成了各个行业的市场盘点和销售漏斗建设。市场开发部门绝对不能把搜集来的原始信息直接转给销售部门，必须经过过滤和筛选，只把符合标准的潜在客户和意向客户转给销售部门，这样才能提高销售人员的成功率。半年过后，需要针对市场开发部门转给销售部门的每一个潜在客户和意向客户进行跟踪，也就是说市场开发部门转给销售部门多少潜在客户、多少意向客户，成交了多少客户，完成了多少营业额，这才是考核市场开发工作的重要指标。如果按照这个考核标准，从 LL 公司这个案例来看，市场开发部门带来的业绩几乎为零。

第二，市场开发部门要想获取更多潜在客户和意向客户信息，需要建立畅通的关系渠道，比如加入各种行业协会、专业学会、各地的商会等。我当年做市场总监时就是中国电子学会测量仪器专业委员会的常委，这个委员会聚集了全国各个行业从事测量工作的大咖，当我们想要了解某个行业的什么情况时，这些人就能帮上忙，即使他们自己不了解，也可以给我们引荐相关人员。

八年前，我给一家做显微镜的企业做咨询时，曾经拜访过北京一家三甲医院病理科的老主任，了解他们科室的工作挑战和痛点，半天下来谈得很投机，临走时我们说，还想去一家二甲医院看看，了解一下不同医院的情况。那位老主任二话没说，就给在一家二甲医院工作的学生打电话，让她接待我们。我们到了那里后，对方非常客气地招待我们，因为是自己的老师介绍过来的，自然不会怠慢。所以工业品销售要尽量减少销售人员的陌生拜访，因为绝大多数企业都讨厌陌生拜访，门口甚至贴着：谢绝推销。

另外，对于工业品企业来说，最好在重点行业聘请几个外部顾问，他们可以是大学教授，也可以是研究所的研究员，或者是设计院的工程师、行业协会的副秘书长等。这些顾问作为企业的外聘兼职市场人员，在合法的前提下，每月提供一份报告，让企业知道市场上发生了什么事情，有什么新的客户需求，竞争对手都做了什么，从而知己知彼，花小钱办大事。

第三，市场开发工作的重点是降低销售人员的工作难度和强度，需要我们在各个行业、各个地区建立样板工程，展示成功的案例。很多客户都不愿意当"第一个吃螃蟹"的人，需要看到同行使用后效果不错、没有风险才会加入消费者的行列，他们相信从同行那里获取的信息更客观、更真实，这就是口碑传播。

我当年做市场开发的时候，鼓励各行各业的样板工程客户将自己的使用经验写成行业应用论文，我们帮助他们在权威杂志上发表，这是双赢的一件事，既有助于我们推广产品，也有助于他们评定职称，所以双方一拍即合。我们把样板工程客户的论文整合到一起，就成了行业应用论文集，然后召集行业客户、潜在客户、意向客户在样板工程客户的现场举行经验交流会。样板工程客户负责向大家介绍他们当初选择我们是怎么考虑的，使用了我们的产品之后解决了什么问题，带来了什么效果和经济效益，帮助他们完成了什么任务，得到了上级领导的什么好评，等等。经过两三天的经验交流会，大家一起讨论、一起吃饭、一起旅游，借助我们搭建的这个行业应用交流平台，形成了一个小的社群，大家都很开心。我们的角色就是定期把大家召集在一起，平常大家通过电话和信件保持联系。

> **小　结**　认识到市场开发部门的重要性仅仅是开始，最好请真正有实战经验的高手，手把手地教员工如何做，因为市场开发工作是一门手艺，必须跟随真正有实战经验的人刻苦训练一段时间才能掌握其要领。

如何协调销售部门与商务支持部门的关系

MM 公司刚起步的时候，由销售人员负责跟客户对接所有事宜，但是公司规模扩大后，为了提高运营效率，防止离职人员带走客户，老板决定把销售部门的工作分成销售和商务支持两部分：前端销售部门贴近客户，提供本地化服务；后端商务支持部门在工厂所在地，负责各项内勤工作。决定下达后，销售人员怨声载道，普遍抵触。

在销售人员看来，他们一个人就可以做完所有的事，没有必要再加一个人进来，感觉公司不信任他们。不过这些冠冕堂皇的理由背后还有不能说的理由，那就是限制了他们的自由，多一个人参与进来后，行事就没有那么方便了。当然，销售人员是绝对不会这样说的，他们的理由是，他们跟了很多客户很多年，突然插一个新人进来，会增加很多麻烦，影响客户满意度。

为了打消销售人员的顾虑，公司组织所有销售人员做了一期培训，希望大家能明白公司这样做的目的和好处，除了说清楚为什么这样设计以外，把两个岗位的分工和岗位职责也讲清楚了，最后要求所有销售人员整理好各自负责的客户清单，包括客户名称、地址、联系人电话、邮箱、账期、物流方式、开票资料等信息，一起交给对应的商务专员。小王作为华北区唯一的销售人员，在培训结束后，发表了对销售工作拆分的看法：公司的做法可以理解，但是华北区的实际情况是一人负责偏紧，两人负责太松，如果公司不怕浪费钱，自己也没有意见，但是面对不规范的贸易商，插一个新人进来可能会更乱。

华北区的交接工作持续了一个多月，负责跟小王对接的商务专员小丁实在受不了了，就向小王的上司投诉：因为小王的单子信息不齐全，所以经常出错。有一个订单让小丁很恼火，因为客户直接向小丁下口头订单，产品型号又说不清楚，小丁不得不跟客户和小王反复沟通确认，最后客户收到货后发现，还是有两款产品搞错了。出现这个问题后，客户就跟MM公司的领导投诉说："以前跟小王一个人对接很简单，现在多了一个人多了很多麻烦，而且小丁做事不专业，把简单的事情搞得复杂了，你们为何要多此一举？"

这个案例涉及三个问题，值得大家反思。一是很多公司都喜欢直接给员工下达命令或决定，未征询相关执行部门人员的意见，未进行质询，就发布一项政策，这必然导致"上有政策，下有对策"。二是一个区域仅安排一个销售人员，很容易导致销售人员一手遮天，这是非常危险的一种做法，却是很多企业的普遍做法。三是MM公司还没有理解商务支持部门的角色定位就进行改革。商务支持部门的人本应是销售内勤，是帮助销售人员做事的，结果变成了工作交接。在销售人员看来，是商务支持部门的人抢了自己的饭碗，所以销售人员才会集体反弹。另外，案例中MM公司的销售部门和商务部门接受口头下单，也是很不规范的一种做法。

如何有效协调销售部门与商务支持部门的关系呢？我给大家三个建议。

第一，公司不管推出什么样的政策或制度，一定要采取自下而上的原则。结合MM公司的这个案例，不妨这样做：先征询公司所有销售人员的意见，问他们目前提升业绩的瓶颈有哪些，是哪些事情占去了他们宝贵的时间，使他们无法集中精力去开拓市场，哪些事务性的工作可以交给助理去做。我想每个销售人员都希望有人帮助他们做事务性的琐碎工作，以减轻他们的工作负担和压力。这样一来就从根本上改变了销售人员被动接受的局面。老板和高管不是先做出决定再强迫销售人员去执行，而是试图帮助销售人员解困，提供商务支持。大家试想一下，如果站在这样的立场去沟通，销售人员会反弹吗？肯定不会。

第二，商务部的组织结构设计也是很有学问的，不能按照一对一的比例给销售人员配商务专员，而要根据不同区域一个销售人员的常规订单量来决定（见图9-8）。正常情况下，如果一个销售区域有6~8个销售人员，那么配备2个商务专员就足够了。

一个商务专员可以同时为3~4个销售人员提供服务，两个商务专员之间可以互相备份。商务专员的主要工作就是更新报价系统，完成订单录入，进行排产跟踪，提供发货通知和付款通知，提供全流程服务等。商务专员与销售人员的关系是配合支持，而不是交接关系。销售人员需要按照商务部门提供的标准报价单进行实时报价，上面有客户需要的所有信息，包括有效期、交货期、保修期、付款日期和条件，等等。销售人员提交的订单必须同时满足两个条件。一是按照标准模板来填写相关内容的干净订单。凡是信息不全或下单后又进行修改的订单均属于不干净订单，干净订单的比率也是考核指标。这又是一个后端驱动前端的制约机制，订单的内容是由商务部门设计的，商务部门所需要的信息销售人员都必须填写清楚，否则无法下单。二是所有订单都需要先得到上级销售经理的批准，包括价格、折扣、服务条款、交货期等。销售经理有义务审核所有的订单，并对信息完整性和准确性承担责任，这样一来销售经理就会对本区域的订单情况了如指掌。

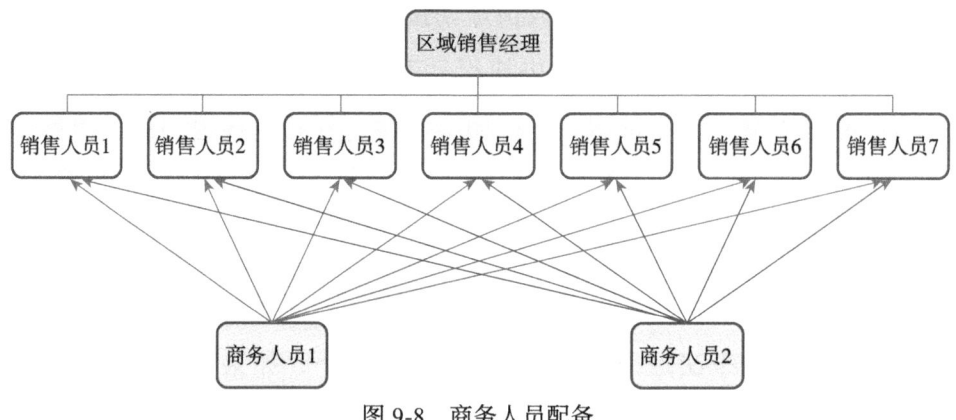

图9-8　商务人员配备

第三，销售部门负责开拓市场，拿到客户订单，商务部门则负责销售内勤，帮助销售部门进行跟踪，这样搭配从成本角度看也是合理的，因为一个销售人员的成本是一个商务专员的2～3倍。商务专员接到销售人员提供的干净订单后，负责向生产工厂下订单，跟踪订单，确保按照合同交货期给客户发货。如果某个客户属于 VIP 客户或者是紧急订单，商务专员就会根据销售人员的要求给予特殊关照，协调生产资源，及早排产，并帮销售人员跟踪生产。商务部门除了处理订单，还要每个月提供一次各种统计数据，包括按照产品线、按照行业分布、按照区域分布、按照应用类型分布的统计数据，便于销售经理和公司高层掌握各个区域的产品销售情况，及时做出判断，采取措施。因为商务专员减轻了销售人员的负担，提高了销售团队的工作效率，所以销售部门搞团建活动的时候，销售经理应邀请服务本区域的商务专员一起参加，一来表示感谢，二来增进大家的感情，形成更好的配合。

另外，销售区域的设置一定是基于营业额，而不是行政区划。举一个简单的例子，当年我们事业部的销售区域设计就是某些省份目标客户很少，六个省为一个区域，而某些城市目标客户集中，一个市就是一个区域，因为区域的大小不是按照地盘大小来划分，而是按照目标客户多少以及预期的年营业额来划分。

> **小　结**　公司推出任何新政策、新举措，务必事先征询执行者的意见，给大家一个机会发表自己的看法，否则很容易导致"上有政策，下有对策"，朝令夕改。政策或制度的设计一定要基于人性，出发点必须是服务大家，把管控融于服务当中。

第十章

打造铁军,无坚不摧

如何提高销售人员的忠诚度

QQ'公司是一家小型的工程施工服务公司，除了老板以外，还有两位业务人员。老杨是公司的业务骨干，为公司带来了很多生意，但是老杨突然决定不干了，因为老杨心理不平衡，自己辛苦争取来的大单，却只拿到了那么一点儿提成，大钱都让老板赚了。老板挽留不住，只好看着老杨离开公司出去单干了。

为什么一个很能干的人会在公司生意很红火的时候离职呢？当初老杨加盟QQ'公司的时候，是因为看好这个行业的前景，一心想加入，但是老板看老杨能量很大，担心他是来当卧底的，所以就没有录用。没想到老杨去了竞争对手那里，并在半年之后找了一个理由离开了竞争对手的公司，注册了自己的公司，但是由于管理不善，老杨的公司开不下去了，又回过头来找QQ'公司。看在介绍人的面子上，老板就接受了老杨，心想也许老杨自己折腾了两次，知道自己开公司的辛苦了，这回该踏实打工了。

老杨的业务谈判能力很强，来了之后不久就拿下了好几个大单，可是QQ'公司的薪酬激励制度存在很大的问题，既没有让老杨赚到钱，也没有给老杨升职，所以老杨不开心。为了调动老杨的积极性，防止优秀员工流失，老板花了5万元去参加股权激励培训，学完后就把所有权、决策权、收益权三权分立，老杨和另外一位骨干员工老王各占30%股权，老板占40%。一年后，老板希望引入新人，让老杨和老王跟自己一起同比例稀释股权，两个人坚决反对，最后双双离开了公司，股权激励宣告失败。

从这个案例可以看出，QQ'公司存在三个问题。一是员工不知道公司的成本结构，总以为订单金额高，公司一定赚了大钱，相比之下，自己拿到的那部分钱太少了，所以才觉得心理不平衡。二是老板选人用人的标准有问题，只看才，不看德。老板其实早就知道老杨这个人可能会给公司带来麻烦，但还是坚持要用。三是解决问题的方案有问题。老板以为采用简单的股权分配方式就能解决员工激励的问题，调动大家的积极性，实际上把事情想得太简单了，很多事情都考虑得不周，结果走向了反面。

面对这样的局面，应该如何化解呢？我给大家三个建议。

第一个建议是老板要懂得控制利润率，不要总想着获得暴利。早在20年前，我就写过一篇文章《追求暴利等于自杀》。为什么呢？因为暴利必然带来两个后果，一是吸引竞争对手，二是鼓励员工出去创业。这是市场规律，哪个市场利润空间大，人们就会到哪里去。那么合理的利润率是多少呢？7%~9%。除非你有独门绝技，令竞争对手难以抄袭、模仿，形成了进入壁垒，可以阻止竞争对手加入，或者你想赚一笔就走，不考虑那么长远。7%~9%利润率背后的逻辑是什么？公司要想做大做强，老板一定要舍得，不舍不得，先舍后得。企业规模小的时候，老板靠什么吸引优秀人才，如何留住优秀人才？就是靠比大企业更舍得。如果老板能算明白这笔账，愿意让好员工多挣钱，就能提高员工的积极性，迅速把企业做大。蒙牛乳业的创始人牛根生曾经讲过："财聚人散，财散人聚。"大家试想一下，假如每个员工都清楚，老板赚了小头，员工赚了大头，还会愿意出去开公司吗？很多老板都担心员工知道了公司的财务状况会有麻烦，总是藏着掖着，不愿意跟高管层通报财务状况，这反而加深了高管们的疑虑。

总之，中小企业在利润规划方面的原则应该是高毛利、低净利，把赚来的钱用在三个地方：提高员工薪水福利，提高产品研发投入，提高公司的数字化水平。这三项投入都能形成进入壁垒，保护企业的长远利益，同时也能化解本案例中出现的问题。

第二个建议是不要迷信一招一式的课程，要把工作真正做到实处。有些老板一听培训公司业务员夸大其词的介绍，就心花怒放，以为找到了"救命稻草"，只要把某个问题解决了，一切都会迎刃而解，结果尝试两年后发现不是那么回事，又开始寻找下一剂"灵丹妙药"，如此循环往复，十年八年过去了，还是老样子。

从案例中不难看出，老板花了5万元参加培训，就以为把股权激励的事全搞明白了，想当然地搞起了股权激励改革。实际上，这种30%、30%、40%的股权分配比例是有问题的，老板不能控股，而且老板没有跟另外两位股东说清楚，新股东加入时股权会等比例稀释，以及现有股东退出要遵循什么约定，老板在这三个关键的方面都犯了错误，违背了股权激励的基本原则。如果老板真的想搞股权激励改革，一定要找咨询公司进驻企业，根据企业的具体情况进行定制，这不是参加一个科普培训就可以做到的。培训为的是开阔视野，找到突破口，而咨询为的是有针对性地解决实际问题，千万不要把两者搞混了。

第三个建议是系统思考员工的忠诚度问题。我曾经在《笑着离开惠普》那本书里讲到，企业要想赢得员工的忠诚，需要在四个方面做文章，缺一不可。在任何一方面出问题，都无法赢得员工的忠诚。这四个方面是做事的机会、学习的机会、赚钱的机会、晋升的机会。

做事的机会。中小企业老板或管理者在布置任务的时候，一定要把工作目标讲清楚，把考核的标准以及何时必须完成任务讲清楚，至于员工怎么做、什么时间做，是员工的自由。换言之，员工可以按照自己的意愿和方法去做，而不是上司让怎么做就怎么做。要包容员工在做事的时候出现的错误，只要员工能从错误中学习，不重复犯同样的错误，就会有成长。这就是所谓的目标管理，简单实用，其背后是基于对员工的充分信任。

学习的机会。每个人都有上进心，都希望进步，所以公司要给员工提供学习的机会。除了公司组织的正规培训外，学习的机会还包括向同事学、向上司学。只有当大家友好相处，愿意把自己的知识和经验与别人分享的时候，大家才能互相学习，公司才能有一个学习的氛围。当一个员工感到在公司能学到东西时，自然愿意留下来。

赚钱的机会。任何人都不能否认，工作的目的之一是赚钱，过上比较体面的生活。所以，我们要遵循一个原则，那就是成为领先者当中的一员。一般情况下，企业既不能以过于优厚的薪资吸引人，也不能因为薪资没有竞争力而失去优秀的员工。只要在同行中属于中等偏上，人们就会有优越感，这种优越感往往来自对比，比如跟同学比，跟朋友比，跟周围的人比。

晋升的机会。晋升的机会也就是员工发展的空间。如果一家企业中管理人员都是靠实力晋升上来的，那么每个人都会觉得只要自己有实力、有贡献，就会有机会晋升。因为大家知道，只要表现优秀，公司发展壮大了，自己就会有机会晋升。公司要尽量减少"空降兵"当高管，多给现有的经理人晋升的机会。如果公司从外面招聘"空降兵"来担任重要领导岗位，就把内部员工晋升的路子堵死了，希望在公司长期发展的员工的积极性就会被挫伤。

> **小　结**　赢得员工的忠诚不是那么简单的一件事，需要老板在思想上想通了，给大家提供四个机会。如果老板自己不明白，就要找明白人帮忙设计相关体系，不要再摸着石头过河。

如何让优秀的销售人员愿意"传帮带"

RR公司是一家小微电商企业，老板为了鼓励优秀的销售骨干带出一批新人来，就让老员工分享经验，公司支付一定的讲课费给分享经验的老员工。经过半年的尝试，效果不佳，公司不得不终止这个项目。

老板不甘心，先后跟老员工和新员工谈话，经过一轮调研，老板总算明白了，原来优秀的老员工根本看不上那点讲课费，总觉得不划算，还不如把时间和精力花在做业务上，那样赚钱更快。另外，在老员工看来，带新员工应该是销售经理的工作，而不应该是他们的责任，这是管理层偷懒的表现。而新员工则反馈说，他们确实想跟着老员工好好学，虚心请教，但是老员工总是不耐烦，而且不愿意用心教，总是留一手，是不是担心"教会徒弟饿死师傅"啊？

就这样两年很快过去了，新员工的技能和水平并没有得到本质的提升，所以做不出什么业绩，老板心里着急却没有好的办法。因为事务性工作太多，老板整天忙着救火，没有时间亲自给员工做辅导，所以团队成长很慢。就算员工的业绩达不到期望值，也因为员工没有犯错误或表面上看很努力，而碍于情面不好意思淘汰，公司不得不依靠那几个能干的老员工来维持业务，业绩始终难以突破，陷入恶性循环。

这个案例其实说明了三个问题：一是老员工的思想工作没有做到位，大家都是勉强应付，而不是发自内心地与大家分享自己的经验。这是很多企业的通病，布置任务时管理者往往不愿意花时间说清楚背后的逻辑、目的、价值、好处，员工只能凭着自己的理解去做事，效果自然会打折。二是公司没有明确的师徒制度。老板想用讲课的方式让老员工分享，让新员工学习，这一想法是好的，但要有驱动机制。如果讲课不是老员工的职责，如果做这件事对老员工没有长远的好处，谁愿意为了那点钱把自己的经验和盘托出？培养出竞争对手对自己有什么好处？这是违背人性的做法。三是老板和管理团队都偷懒了，没有履行自己的义务。要知道，培养新员工本该是顶头上司的核心工作，是中小企业老板应该关注的头等大事，却被下放给了老员工，自然不会有成效。

那么如何才能解决好这个问题，让优秀的销售人员乐意"传帮带"呢？我给大家三个建议。

第一，布置任务时一定不能草率，要把做一件事的前因后果、逻辑关系、利益机制都说清楚，这样员工才知道为什么而做。很多企业老板都存在这样的问题，过于关注做事，而忽略了育人。我给大家讲一讲我做咨询时反复做的一件事。对于每个战略咨询项目，我都要求客户方指定一位高管做我的对接人，负责推进战略规划的落地，这个对接人一般是市场总监，或者总裁助理，或者老板非常信赖的某个人。

如何调动对接人的积极性呢？我会跟他说明三点。首先，作为对接人，他与我始终保持密切的沟通，可以得到更多的辅导，我会把前因后果都跟他说清楚，让他明白背后的逻辑，所以对接人会比其他与会人员学到更多的知识和技能，而且更扎实，收获至少是其他人的两倍。其次，可以锻炼对接人的沟通与协调能力以及执行力，毕竟战略规划涉及公司的各个职能部门，要与各个职能部门的负责人打交道，需要布置任务、得到承诺、监督执行、报告进展。最后，通过撰写战略规划书，可以提升对接人的书面表达能力，把复杂的问题简单化，把枯燥的文字图像化，把零散的内容结构化。如果在布置任务的时候，多花5分钟的时间把传帮带的价值塑造好，就不会发生案例中出现的问题。在本书第五章我们讲过如何强化销售人员的责任心，大家不妨回过头去再看看。

第二，再小的公司也一定要有员工晋升制度和销售人员级别体系（见图10-1），这样大家一入职就能看到前景。比如S1是助理销售人员，如果基本知识和技能达到要求并考核通关，就可以成为S2销售人员，独立开展业务。在S2这个位置上，如果表现和业绩都不错，就可以晋升为S3资深销售人员。这个时候公司会明确地告诉S3，如果他不愿意带徒弟，今后就没有晋升的空间了，也就永远无法成为销售管理人员，选择权在S3手中。一个徒弟都不愿意带的人，自然带不好一个团队，这是非常简单的道理。带徒弟是晋升到管理岗位之前的考察和锻炼，通过手把手地带徒弟，找到做管理者的感觉，同时把自己的专业技能和知识传授给徒弟，直到徒弟学会并出徒为止，徒弟出徒了，师傅不仅可以拿到一份奖金，也打开了晋升到管理岗位的大门。有了这样一个制度，带徒弟就成了走向管理岗位的必修课，大家自然不会抗拒。

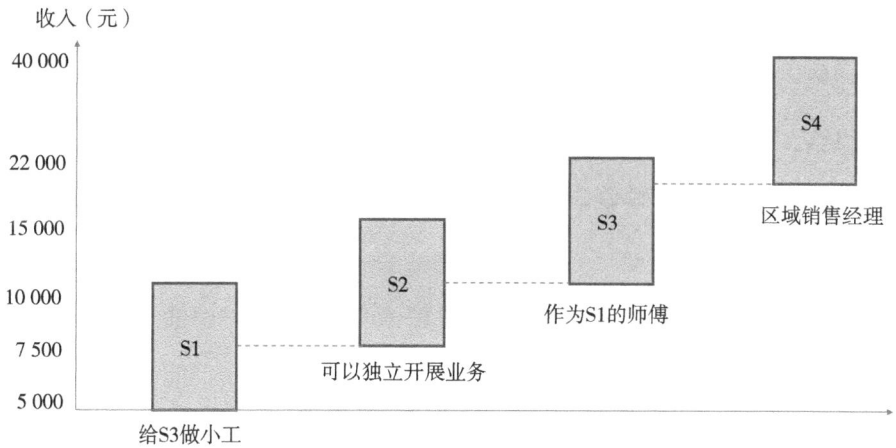

图 10-1　销售人员级别体系

具体说来，每个 S1 一入职，就要安排一个 S3 作为他的师傅，实行双向选择。S1 在实习期内没有任何销售指标，也没有自己的地盘，只给 S3 做小工，陪着师傅一起见客户，观摩师傅的一举一动，按照师傅的要求做记录并进行跟踪，师傅让做什么就做什么。徒弟与师傅整天在一起，相处久了自然会有感情，而且徒弟做了那么多基础工作，师傅自然愿意把自己的绝活儿教给徒弟。这样一来，徒弟的业绩提升了，自然会发自内心地感恩师傅，让自己少走弯路，少交学费，不管后来徒弟做到什么级别，哪怕远远超越师傅的级别，也还是要叫师傅，这是一辈子都不会改变的事实，也是中华文化的光荣传统。有了师徒制度，新员工的成长会加快，公司的业绩会腾飞，老员工晋升到管理岗位的通道就打开了，团队的凝聚力也增强了，一举多得。

第三，让优秀的销售人员"传帮带"，不是做几次培训就能做到的。很多老板过于迷信培训的作用，总想着用培训的手段来替代辅导，替代师徒制度。要知道，技能是很难通过培训来掌握的，必须通过近距离观摩、反复实践来掌握，而这绝对不是一日之功。培训的目的是开阔思路，知道大方向，学会一些方法和工具，然后按照老师的说法去落地实施，这个时候就需要有人做辅导，通过辅导校对自己的认知，逐渐掌握要领。

前面我们讲过，要想把优秀销售人员的知识、技能、经验固化下来，就要有相应的制度做支撑，不能让好人吃亏。如果分享知识既没有短期利益，也没有长期回报，谁愿意做这件事呢？如果你是这个案例中的当事人，那么你设身处地地想一下，是否愿意无私地奉献自己的智慧？所以说，作为老板或管理者，不管遇到什么问题，首先要换位思考，即站在当事人的立场去思考，他为何会这样做，如果你是当事人，你会怎么做，有哪些可能性。但是很多管理者都没有这样做，说到底是没有这个思维习惯和行为习惯。

当然，即使有了师徒制度，顶头上司也必须定期给部下做辅导，这是不可替代的重要工作。通过辅导，管理者可以及时发现问题、分析问题，并帮助部下解决问题。谁也不可能无师自通，上司耐心地做辅导，能够加快新员工的成长。业绩是辅导出来的，不是考评出来的，这是我 20 年来反复强调的一个管理哲学。如果一个老板在哲学层面上无法想通，那么企业必定会原地踏步，停滞不前。

> **小　结**　团队建设是老板绕不过去的一项重要工作，只有组织智商提高了，才能靠组织红利来支撑企业的长远发展。没有一支强大的团队，是很难把企业做起来的。

如何从优秀的销售人员当中选拔管理者

小李是 SS 公司里公认的销售精英，无论是销售业绩还是工作表现都非常不错，与同事相处得也非常融洽，还赢得了"乖乖好姑娘"的称号，深得销售总监老张的赏识。为了精耕细作开拓市场，老张决定成立一个新的销售区域，让小李来做经理，小李欣然接受了这项任务，带领两位老员工、两位新员工一起打拼。三个月过去了，小李这个区域的业绩并没有达到预期，关键是团队士气低落、客户投诉增加，小李当初的干劲和自信都不见了，她开始怀疑自己的选择是否正确。

这是怎么回事呢？原来，小李的性格属于被动型，过去只是接受上级的指令，把领导交办的事情认真细致地处理好，现在自己当上经理后，不知道怎么办了。首先，老员工与新员工之间有矛盾。新员工认为小李对自己很有耐心，但是有失公允，公司展会上获得的客户资源，优先让老员工挑，剩下的才给新员工，这显然不公平；而老员工则认为，小李对新员工太宽容，把精力都放在帮助新员工上，却没有什么成效，有点过分迁就新员工了。其次，小李当上经理后，工作量骤增，既要做业务、维护老客户，又要带团队，时间和精力都不够用，有点焦头烂额。为了释放一部分压力，小李就让老员工帮忙带新员工，而且为了表达对老员工的感激之情，补偿老员工的额外付出，小李就在客户资源分配上做了倾斜，这样做于情于理似乎都没有问题，却导致自己里外不是人。

销售总监老张看到这种局面，很心疼小李，于是就约了小李的几个部下了解情况。大家反映说，小李个人的专业能力很强，这一点没得说，但是她不知道如何把自己的技能有效地传授给新员工。换句话说，她是一个好运动员，却不是一个好教练。另外，团队成员整天都是各忙各的，互相之间缺乏沟通，小李也不愿意花时间搞团建活动，团队氛围有点消沉，缺少有正能量的人把大家带动起来，就算小李偶尔组织大家一起吃一顿饭，好像也热闹不起来。

了解到这些基本情况以后，老张就找小李单独谈话，把大家的反馈跟小李简单地说了一下，小李的眼泪就下来了。小李感到很自责，觉得对不起领导对自己的信任，当初自己信誓旦旦，充满自信，没想到几个月过去了，既没有把业绩做好，也没有把团队带好，就想打退堂鼓，不做销售经理了。当然，小李也表示自己感到很委屈，两个新员工素质不高、干劲不足、专业知识不够，自己其实没少花心思培养他们，可是费了很大的力气就是没效果，感觉很无奈。

这个案例的背后其实存在三个问题。一是公司没有做好管理人员的储备工作，业务起来了，人员跟不上，有点赶着鸭子上架，以为只要一个人销售做得好，有努力工作的愿望，就可以当管理者，存在认知误区。二是小李做事的原则是按照自己的逻辑，不会换位思考，自己觉得让老员工帮忙，给老员工补偿是合理的，却令老员工和新员工都不满意，双方都没有得到激励。三是小李被提拔为销售经理以后，还亲自做业务，维护老客户，这是违背管理哲学的一种安排。所以，小李没有足够的时间和精力去做她该做的事，比如关心部下、培养部下、辅导部下、检查进展、手把手教部下成长。

面对 SS 公司这样的困境，该怎么做呢？我给大家三个建议，希望对大家有所启发。第一，什么样的销售人员算得上优秀的销售人员，这是一个被很多老板和管理者误读的热门话题，绝大多数中小企业都是以销售业绩作为衡量销售人员好坏的标准，所以"唯业绩论"成了困扰中小企业团队建设的主要障碍，也是无法批量复制人才的核心问题。我们说，业绩好的销售人员不一定是优秀的销售人员，而优秀的销售人员一定业绩好，两者是不可逆的。如果企业想打造一支有战斗力的销售铁军，就要有批量复制人才的机制和能力，所以考评销售人员的标准就要做出相应的调整（图10-2）。业绩是结果，表现是过程，两者各占50%的权重。

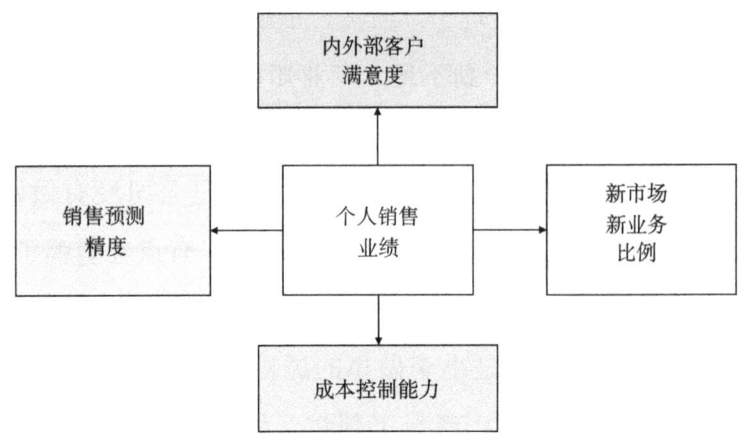

图10-2　调整销售人员的考评标准

唯有结果与过程并重，才能培养出德才兼备的好员工。如果把业绩当作唯一的标准，就成了结果导向，必然驱动大家不择手段地去追求结果。这一点我们在第六章已经讲过，大家可以去看看。

优秀的企业普遍认同这样一个管理理念：只要过程正确，结果必然正确。结果存在偶然性、不确定性，但是过程是完全可控的。所以在我看来，只有业绩与表现都好的销售人员才能称得上优秀的销售人员，才是晋升管理者的好苗子。

什么样的人称得上优秀的销售人员呢？

大家可以看看图10-3，我大致分了三种情况：A是业绩非常好，得到了满分50分，但是表现很差，仅得了10分，总分是60分，这样的销售人员最多只能算及格；B是业绩非常好，得了满分50分，表现还可以，得了30分，总分是80分，这样的销售人员属于良好；

C 是业绩非常好，得了满分 50 分，表现也非常好，也得了满分 50 分，所以总分是 100 分，这样的人才是真正优秀的销售人员。

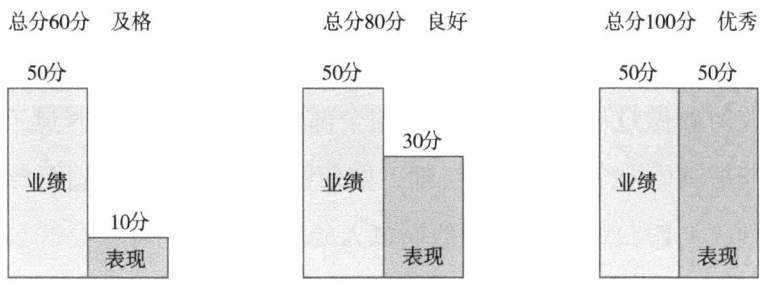

图 10-3　业绩与表现并重

第二，即使是一个好苗子，也要接受严格的训练，通过师傅带徒弟的方式检验一个人是否具备管理天赋，是否适合做管理工作。对于一个资深的销售人员来说，如果业绩和表现均好，除了征询他本人的意见，是否有兴趣做管理者，他还要参加相应的管理基础培训，学习一些管理入门课，知道管理者的角色定位，知道管理者都应该做些什么，毕竟大多数人对管理者的认知存在片面的看法，以为管理者的工作就是发号施令。其实好的管理者必须具备利他之心，愿意帮助别人成功，愿意促成别人成功。如果一个候选人参加完培训以后发现管理工作跟自己想的不一样，就可以选择走专业路线，不做管理者，免得做了管理者之后，才发现自己不是那块料，不得不重新回到专业岗位，在大家面前没面子。

如果候选人参加完管理培训之后，依然对管理岗位感兴趣，就要给他一个实习的机会——带徒弟。如果一个资深的销售人员能在一年的时间内把一个新手培养成为优秀的销售人员，就足以证明他是做管理者的好苗子,他能把一个人带出来,就能带一个6~8人的销售团队。绝对不能把一个没有接受过训练,也没有带过徒弟的人,直接放到管理岗位上,否则,就是赌博,搞不好会出现案例中的问题。如果有可能,最好让若干个候选人友好PK。当年我做市场总监时就做过这样一件事:有四个部下都是资深的优秀员工,但是只能把其中一个人提拔为经理,如何在这四个人之中选择一个人,让其他人心服口服呢?我让他们每人给大家讲一门课,公开公平公正地竞争,通过讲课让大家感受一下谁讲得最好,这样其他三位心理上就更容易接受了。

第三,成为管理者之后,销售经理自己绝对不能再扛指标,再做业务,他必须退居二线,全心全意地支持、辅导部下去做业绩,将自己所有的客户都转给销售人员去负责,往往是转给他一手带出来的徒弟,因为徒弟熟悉他所有的客户,也与客户建立起了良好的关系。但很多企业不是这样做的,销售经理自己手上掌握着很多重要客户,偶尔有空了才去做管理,关心一下自己的部下。这种制度设计往往使销售经理自己的利益得到了保障,整个销售区域却陷入混乱。

按理说,销售经理的年度销售指标是全体部下的年度销售指标之和,如果最后全体部下完成了年度销售指标,销售经理就能拿到相应的佣金,否则销售经理拿不到任何佣金。换句话说,过去作为销售人员,是"一人吃饱,全家不饿",现在不行了,销售经理要对所有人负责,这就是销售经理的担当和责任。

> **小　结**　千万不要贸然把优秀的销售人员提拔为销售经理，一定要做好准备工作，循序渐进，否则可能会一举两失，既失去一位优秀的销售人员，也毁掉了一个团队。

如何储备和培养第三梯队

TT 公司是一家小微企业，只有 20 多个人，老板有强烈的意愿将公司做大做强，就设计了一整套培训体系。课程涉及专业知识、管理常识和工作技能，每周 2 次培训，每次 1 个小时，连续做了 3 年，但收效甚微，员工参与的积极性不高，甚至把培训当成了负担，最后只好停下来。

为什么老板的好心没有得到大家的理解与支持呢？原来，员工不喜欢枯燥的管理培训课程，他们喜欢上热闹的课程，谈热门的话题，比如网络营销、社交媒体推广、职业生涯规划等。有人说"我不知道这些东西能不能用上"，有人说"本来休息时间就少，老板安排这些培训就是变相剥削"，有人说"老师讲的这些东西，我早就听过了，我都能讲"，有人说"培训就是一个花架子，还不如把时间用来做业务"。

就这样，3 年过去了，公司的销售额虽然增长了 5 倍，但是公司的管理水平还是原地踏步，并没有培养出几个合格的管理人员，公司的发展自然遇到了瓶颈，增长乏力。老板很着急，但也没有办法，只能"瘸子里面挑将军"，凑合着用人，把不具备管理技能的人硬推到管理岗位上，"赶鸭子上架"。

这个案例的背后涉及三个问题。首先是培训什么。对于小微企业来说，最紧要的是如何生存下去，在生存问题没有解决之前，谈管理有点奢侈，还不到时候。其次是如何做培训。老板不能强迫大家参加公司组织的培训，否则大家会把培训当成负担，失去积极性。老板要让员工看到未来，知道自己的短板，主动想通过培训来补上。最后是谁来做培训。通过培训来掌握管理技能是很难的，大多数人的管理技能都是跟着上级经理人学来的。也就是说，老板或管理人员如果自己就是一个管理高手，那么他们每天工作中说什么、做什么，大家都会看在眼里、记在心里，也就潜移默化地学会了管理，知道怎么跟人沟通，如何关心部下，如何辅导部下，以及如何评估部下。因为管理技能的背后就是尊重人性，知道部下关心什么，在乎什么。

所以要想储备和培养第三梯队，就要把几件事情的逻辑关系理清楚。第一个逻辑，员工一定都想提职加薪，这是人性，因为人往高处走，水往低处流，如果对提职加薪都不感兴趣，那么这样的人最好不要用。那么要想晋升、加薪，就要"打通关"，证明自己具备了做好本职工作所需要的知识和技能，包括技术知识、产品知识、行业知识、市场知识、应用知识、竞争知识等，只有通过了实战考试和相关人员的评估才能晋升，晋升了自然会加薪。一定要让培训成为员工的赋能工具，每个员工要想参加培训，必须主动申请。

第二个逻辑，对于年轻人来讲，掌握赚钱的本领比赚钱本身更重要,这是管理哲学层面的话题,只有大家相信了这个哲学,培训才会有意义。

如图10-4所示,这张照片是我的一个学员企业的会议室墙,他们就是通过这种方式让员工经常看到,从而强化认知:要想掌握赚钱的本领,就要在管理知识和技能上进行投资。老板必须跟大家说清楚,培训是薪酬福利的一个组成部分,员工放弃培训,就等于放弃了对自己未来的投资,放弃了一部分薪酬福利。试想一下,如果员工认识到培训是要花钱的,不管是时间成本,还是会议室租金、培训期间的餐饮小食以及培训师的费用,都是公司的投入,大家就会珍惜每次培训的机会,愿意参加培训。当然,案例中这种利用碎片化时间进行培训的方法是不可取的,时间太短。培训需要环境,需要进入角色,一定要拿出专门的时间,尽量不在熟悉的办公室环境里做培训,要让员工知道这是公司花钱做的一件事,不是占大家的便宜,公司花钱的目的是让大家长本事。前面我们已经讲过,当年我们作为基层员工是怎么参加培训的,这里就不多讲了。

图10-4 掌握赚钱的本领更重要

第三个逻辑，员工每年的表现评估里都有一项来年的个人发展计划，也就是下一年员工自己认为最想在哪些方面有所突破，因此需要上级领导提供什么资源、什么方便、什么培训、什么辅导。这样一来就把员工的 3 ~ 5 年职业生涯规划与年度个人发展计划挂钩了，而员工个人发展计划又与培训计划挂钩了。培训不是盲目的，只有跟个人发展计划密切相关的培训才有意义，培训是缺什么补什么，千万不要搞科普式培训，那种泛泛的培训没有效果，甚至会鼓励员工离职。

除了这三个逻辑以外，我想通过两个最佳管理实践来说明打造第三梯队的具体方法。一个是 20 年前我在惠普时参加的"加速成长计划"（ADP），这是一个为期一年的特训营，公司每年都会在全世界范围内选拔 30 个达到一定级别的优秀经理人，作为总经理后备人才进行集训，每人的预算是 10 万美元，这还不包括学员的旅行费用，仅仅是学费。ADP 的学员一年集中学习四次，每次用一周的时间进行强化训练，通过价值观对标、管理者的角色扮演、参观美国的希望工程、作为志愿者参加社区服务以及邀请各界领袖与大家分享领导力等活动，全方位地提升管理者的素质，让大家知道作为一名未来的高管，必须具备什么本领。这个培训是迄今为止我参加过的最有价值的一个课程，也是改变了我人生轨迹的课程。正是因为参加了 ADP，我意识到了自己的相对优势在哪里，明确了今后要做高参、做顾问的职业方向。参加完 ADP，我马上跟中国惠普公司的总裁孙振耀邮件联系，告诉他我不想继续做市场总监了，也不想继续在美国工作了，我想回到中国惠普公司去做高参。后来我如愿以偿，成了中国惠普公司助理总裁、首席知识官，这也是我最喜欢的高参角色。

另一个最佳管理实践是中国惠普公司在 2001～2002 年期间开展的"雄狮计划"，每期 6 个月，培养高潜力后备人才。凡是被选中的员工都清楚，自己入选了"雄狮计划"，就意味着进入了个人发展的快车道，可以自主选择高管做导师，没有意外的话，将来可以进入管理层。这项计划除了传统的管理技能培训以外，还有一个很重要的目的是开阔视野，让大家见识不同领域的领导者，看看他们的思维方式有什么不同，为人、处事的原则有什么特点，判断分析问题的角度有什么不同。记得当时"雄狮计划"请了很多名人，包括万科地产的王石、联想集团的柳传志、华谊兄弟的王中军、琉璃工房的杨惠姗等很多领域的佼佼者，让高潜力人才与这些大师级的人物近距离接触、对话，从而切身感受优秀领导者的魅力。那时，有三个高潜力人才选择了我作为他们的导师，这些人有什么困惑都可以提出来，我有义务辅导他们，帮助他们。他们可以参加我主持的各种会议，通过这种实战型活动来领悟管理的窍门，学会如何去驾驭一个团队。

> **小　结**　储备和培养第三梯队，对于有理想、有追求的企业来说至关重要。没有优秀的人才，老板再好的想法也无法变成现实。企业要想做大做强，一定需要一批志同道合的优秀管理人员，大家一起奋斗，一起拼搏，既成就了自己，也成就了企业。

后　　记

　　四年前，我曾经写过一篇文章，题目是《市场大革命即将爆发》。四年过去了，这场静悄悄地发生的市场大革命正在深刻地改变着许多行业的竞争格局，马太效应开始显现。相信很多人都感知到了，身边一些过去做得还不错的企业突然倒下了，不少企业进退两难，活得很艰难。

　　为什么会这样？这是市场竞争深化到一定阶段的必然结果。四年前我做出的预判是：企业要么成为细分市场的主导者，即1%的优胜者，行业头部企业；要么成为20%的腰部企业，能被头部企业看得上，被兼并整合。如果无法成为上述两种企业，老板就要认真思考一下出路，是进还是退？进要有进的战略和方法，退要有退的决心和勇气。

　　其实，中小企业要想实现可持续发展，尽快做大做强，必须在三个方面领先于竞争对手，即产品力、销售力、品牌力。产品力是核心，没有独到价值的差异化的完整产品，就很难赢得客户的尊重和追捧。销售力是外围，没有一支能征善战的顾问式销售团队，再好的产品也很难占有市场。品牌力是外延，是企业获取品牌溢价的关键，没有品牌力，就无法实现厚利经营，无法掌握话语权和定价权。

过去 30 年，很多企业都是靠抓机会、赶风口、搞关系，取得了初步的成功，这是第一回合。今后要想在行业里站稳脚跟，就要具备真本事，要能聚合一批优秀的人才。企业要想吸引人才，首先必须把公司的发展前景说清楚；有了好的前景，才能吸引优秀的人才；有了好的管理体系，才能激发人才；有了好的企业文化，才能留住人才。总之，未来 10 年，是收割组织红利的时代，唯有通过提高组织智商，企业才能立于不败之地。

希望这本《打造销售铁军》能帮助更多企业摆脱困境。我相信，只要大家试着按照书中的方法和建议去做，就会尝到甜头。如果大家在尝试过程中遇到什么具体问题，可以通过扫描封面后折口上的微信二维码与我联系，我会尽最大努力，在最短的时间里回复大家。

高建华

2020 年 12 月于北京

定位经典丛书

序号	ISBN	书名	作者
1	978-7-111-57797-3	定位（经典重译版）	（美）艾·里斯、杰克·特劳特
2	978-7-111-57823-9	商战（经典重译版）	（美）艾·里斯、杰克·特劳特
3	978-7-111-32672-4	简单的力量	（美）杰克·特劳特、史蒂夫·里夫金
4	978-7-111-32734-9	什么是战略	（美）杰克·特劳特
5	978-7-111-57995-3	显而易见（经典重译版）	（美）杰克·特劳特
6	978-7-111-57825-3	重新定位（经典重译版）	（美）杰克·特劳特、史蒂夫·里夫金
7	978-7-111-34814-6	与众不同（珍藏版）	（美）杰克·特劳特、史蒂夫·里夫金
8	978-7-111-57824-6	特劳特营销十要	（美）杰克·特劳特
9	978-7-111-35368-3	大品牌大问题	（美）杰克·特劳特
10	978-7-111-35558-8	人生定位	（美）艾·里斯、杰克·特劳特
11	978-7-111-57822-2	营销革命（经典重译版）	（美）艾·里斯、杰克·特劳特
12	978-7-111-35676-9	2小时品牌素养（第3版）	邓德隆
13	978-7-111-66563-2	视觉锤（珍藏版）	（美）劳拉·里斯
14	978-7-111-43424-5	品牌22律	（美）艾·里斯、劳拉·里斯
15	978-7-111-43434-4	董事会里的战争	（美）艾·里斯、劳拉·里斯
16	978-7-111-43474-0	22条商规	（美）艾·里斯、杰克·特劳特
17	978-7-111-44657-6	聚焦	（美）艾·里斯
18	978-7-111-44364-3	品牌的起源	（美）艾·里斯、劳拉·里斯
19	978-7-111-44189-2	互联网商规11条	（美）艾·里斯、劳拉·里斯
20	978-7-111-43706-2	广告的没落 公关的崛起	（美）艾·里斯、劳拉·里斯
21	978-7-111-56830-8	品类战略（十周年实践版）	张云、王刚
22	978-7-111-62451-6	21世纪的定位：定位之父重新定义"定位"	（美）艾·里斯、劳拉·里斯 张云
23	978-7-111-71769-0	品类创新：成为第一的终极战略	张云